MW01174621

BEN NEYİM?
Hikmet-i Maddiyeye Müdafaa
(Materyalizme Reddiye)
Ahmet Mithat Efendi

Ben Neyim?'in yayın hakları Dergâh Yayınları'na aittir.

Dergâh Yayınları: 583
Sertifika No: 14420
Çağdaş İslâm Düşüncesi: 29
Ahmet Mithat Efendi Bütün Eserleri: 14
ISBN: 978-975-995-519-9
1. Baskı: Temmuz 2014
2. Baskı: Mayıs 2016

Dizi Editörü: Fazıl Gökçek

Dizi Kapak Tasarımı: Işıl Döneray
Kapak Uygulama: Ercan Patlak
Sayfa Düzeni: Ayten Balaç

Basım Yeri: Ana Basın Yayın Gıda İnş. Tic. A.Ş.
B.O.S.B. Mermerciler Sanayi Sitesi 10. Cad
Tel: [212] 422 79 29
Matbaa Sertifika No: 20699

Kapak Basım Yeri: Elma Basım Yayın ve
İletişim Hizmetleri San. Tic. Ltd. Şti.
Tel: [212] 697 30 30

Cilt: Güven Mücellit & Matbaacılık San. ve Tic. Ltd. Şti.
Tel: [212] 445 00 04

Dağıtım ve Satış: Ana Yayın Dağıtım
Molla Fenari Sokak Yıldız Han No: 28 Giriş Kat
Tel: [212] 526 99 41 (3 hat) Faks: [212] 519 04 21
Cağaloğlu / İstanbul

Ahmet Mithat Efendi

BEN NEYİM?
Hikmet-i Maddiyeye Müdafaa
(Materyalizme Reddiye)

Hazırlayan
Nurettin Gemici

DERGÂH YAYINLARI

Klodfarer Cad. Altan İş Merkezi No: 3/20 34122 Sultanahmet / İstanbul
Tel: [212] 518 95 79–80 Fax: [212] 518 95 81
www.dergahyayinlari.com / bilgi@dergahyayinlari.com

SUNUŞ

Bütün bir Tanzimat ve Servet-i Fünun devirlerini ve hatta Meşrutiyet devrinin de ilk yıllarını eserleriyle dolduran Ahmet Mithat Efendi'nin birden çok sıfatı var: Gazeteci, hikâye ve roman yazarı, tarihçi, ilahiyatçı, felsefeci... O, bütün bu alanlarda ciltler dolusu eseri bulunan, edebiyattan coğrafyaya, müzikten dinler tarihine hemen her konuda kalem oynatmış ve okuyucularını her alandan haberdar etmek isteyen bir gazeteci, bir ansiklopedist. *Devir, Bedir, Dağarcık, Kırkambar* gibi kısa ömürlü ilk denemelerden sonra *Tercüman-ı Hakikat*'le sürdürdüğü gazeteciliğiyle matbuat hayatımızın ilk akla gelen kurucularından biri. O aynı zamanda gazeteyi bir okul gibi çalıştırmış, birçok genç gazeteci ve yazarın yetişmesini sağlamış bir eğitimci. Gazete ve kitaplardan tanıdığı Fransız kültürünün Batı geleneğiyle bağını gören ve aynı şeyi Türk hikâyesine de uygulamak isteyen, geleneği inkâr etmemek gerektiğine inanan bir yenilikçi. Çağının bilim ve teknik alanındaki gelişmelerine kayıtsız kalmamış, bu gelişmelere ayak uydurmanın ancak eğitimle mümkün olacağını daha gençlik yıllarında anlamış, öyle ki bu anlayışla Rodos'ta sürgündeyken bile Medrese-i Süleymaniye adıyla bir eğitim kurumu kurarak mahkûmlara eğitim vermiş bir öğretmen. Toplumun bütün kesimlerine hitap etmek isteyen Ahmet Mithat, çocuklar için ilköğretim okuma kitabından (*Hace-i Evvel*) kadınlar için süslenme kitabına (*Kadınlarda Tezyid-i Cemal*) kadar akla gelebilecek her alanda yazmıştır. O, bu faaliyetleriyle ve özellikle de hikâye ve romanlarıyla yaşadığı dönemde geniş bir okuyucu kitlesinin ilgisine mazhar olmuş, çoğunlukla saygı görmüş, bu ilgi ve itibarın tadını çıkarmış fakat suistimal etmemiş, kendini tekrar etmeyerek hep yenilikler denemiş bir popüler yazardır. 1870'li yıllardan itibaren matbuattaki hemen bütün kalem münakaşalarının içinde yer almış, bunların bazılarını bizzat kendisi başlatmış, bu tartışmalarda bazen hırpalandığı da olmuş, fakat çoğunlukla görüşlerine değer verilen bir çeşit hakem gibi kabul edilmiştir.

Batı kültürünü daha geniş olarak tanıyan sonraki nesiller, Ahmet Mithat

Efendi'nin eksikliklerini görmekte gecikmemişler, Servet-i Fünuncularla birlikte başlayan ona yönelik biraz küçümseyici tavır sonraki yıllarda artmış, Meşrutiyet'ten sonra adından söz edilmez olmuştur. Bu pek de haklı bir davranış değildir. Ahmet Mithat kendisinin bir yol açıcı olduğunun farkındadır. Başlattığı yeniliklerin pek çoğunun gelecekte gerçekleşeceğine inanmakla birlikte, yetiştirmeye çalıştığı kişileri denetimi altında tutmaya çalışması dikkati çeker. Bu, dönemin ciddi bir rahatsızlık uyandıran sansürüne karşı bir koruma mıdır, yoksa basındaki kendi mutlak otoritesini hissettirmek amacından mı kaynaklanır? Ne olursa olsun, devir çok çabuk değişmiş, hele ölümünden sonra Ahmet Mithat'ı hocası sayan Hüseyin Rahmi'den başka onu anan ve dönemindeki işlevinin önemini vurgulayan kalmamış gibidir. Bu tutum Cumhuriyet döneminde de devam etmiş ve Ahmet Mithat Efendi, 1912'deki ölümünden sonra pek hatırlanmamıştır. Cumhuriyet döneminin tamamında ve günümüzde ders kitaplarında ve edebiyat tarihlerinde ona ayrılan yer, verdiği eserlerle kıyaslandığında son derece yetersizdir.

Bir roman yazarı olarak Ahmet Mithat Efendi'ye kendisinden nispeten ayrıntılı olarak söz eden bazı çalışmalarda bile daha çok bir dönem için önemli sayılabilecek eserler yazmış olmakla birlikte, sonraki yıllarda önemini yitirmiş bir yazar olarak yer verilmiştir. Söz gelişi *XIX. Asır Türk Edebiyatı Tarihi*'nde kendisine çok geniş bir yer ayıran Ahmet Hamdi Tanpınar bile onu "Namık Kemal'in yanı başında" değerlendirmiştir. Dolayısıyla iki romanıyla farklı bir çizginin temsilcisi olan Namık Kemal'i, onlarca romanı bulunan Ahmet Mithat Efendi'nin önüne koymakta beis görmemiştir. Tanpınar'a bu noktada, çok eser vermiş olmayı bir değer ölçütü saymadığı için hak verilebilir; Şinasi'yi esas alır, Şinasi'nin yanında Namık Kemal, Namık Kemal'in yanında da Ahmet Mithat'ı görür. Gerçekten de Şinasi'nin açtığı yol âdeta ikiye ayrılarak Namık Kemal'in ve Ahmet Mithat'ın öncülüklerinde devam etmiştir. Her ikisi de etkilerini bugüne kadar sürdürmüşlerdir. Şinasi, Ahmet Mithat, Halide Edib, Ömer Seyfettin olarak devam ederken, Namık Kemal'in etkisi de Servet-i Fünunc, lardan itibaren Cumhuriyet dönemine kadar ulaşır. Tanpınar'ın Ahmet Mithat Efendi'ye ilişkin çok özgün dikkatleri de olmakla birlikte, zaman zaman ona haksızlık ettiği veya gerçek değerini vermekte cimri davrandığı görülür.

Diğer edebiyat tarihlerimizde veya romana dair incelemelerde ise daha çok eserlerinin özetleri verilmiş, bunların ele aldıkları konular bakımından önemlerine değinilmiş, fakat bu eserler hikâye ve roman sanatı bakımından üzerinde durulmaya değer görülmemiştir.

Ahmet Mithat'ın eserleriyle ortaya çıkmasını isteyen ve bu amaçla, bir dizi mezuniyet tezi veren, bir doktora tezi idare eden Mehmet Kaplan olmuştur. Ne yazık ki mezuniyet tezlerinin bir kısmının tamamlanamaması, tamamlanmış olanların da basılamaması bu projeyi geciktirmiştir.

Ahmet Mithat'ın birkaç eserinin münferit yayınevleri tarafından basılmasından sonra bütün eserlerinin neşri TDK tarafından başlatılmışsa da henüz romanları bile tamamlanamamıştır. "Letaif-i Rivayat" serisindeki kitapların toplu olarak neşri (Çağrı Yayınları, 2001) ve TDK'nın söz konusu yayınından sonra bu eserler çeşitli yayınevleri tarafından da basılmaya başlanmıştır. Böylece Ahmet Mithat Efendi'nin romanları son on beş yirmi yıldır tıpkı bu eserlerin kaleme alındığı yıllardaki gibi yeniden okuyucu ilgisine mazhar olmaya başlamıştır. Bugün bütün romanları birçok yayınevi tarafından basılıyor ve bunların birçoğunun üst üste yeni basımları yapılıyor.

Bunun yanı sıra son yıllarda Ahmet Mithat Efendi'nin çeşitli alanlardaki diğer eserleri de yayınlanmaya başlandı. Fakat bu yayınların dağınık ve bir kısmının da ehil olmayan kişiler tarafından yapıldığı bir gerçektir. Sadeleştirme adı altında yapılan birtakım yayınların ise çoğunlukla ticari kaygıların ürünü olduğunu ve yazarın okuyucuyla gerçek anlamda buluşmasına hizmet etmediğini belirtmek gerekir. Bir kısmının kimin kalemiyle sadeleştirildiği bile belirtilmeyen sorumsuzca yapılmış yayınların Ahmet Mithat'ın gerçek kimliğiyle tanınmasını sağlayamayacağı açıktır.

1970'li yıllarda Ahmet Mithat Efendi'nin eserlerinden bazılarını Mehmet Kaplan Bey yayınlamamızı istemişti. Epey gecikmeli olarak arzusunu daha geniş bir çerçevede yerine getiriyor ve kendisini rahmetle anıyoruz. Her zaman bize desteği ile yanımızda olan, yardımcı olan İnci Enginün'e ve meşakkatli bir işi yüklenen Fazıl Gökçek'e teşekkür ederiz.

Yayınevimiz Ahmet Mithat Efendi'nin bütün eserlerini bir külliyat hâlinde yayınlamaya karar vermiş bulunmaktadır. Bu külliyatta *Hace-i Evvel*'den *Niza-ı İlm ü Din*'e, *Karı Koca Masalı*'ndan *Peder Olmak Sanatı*'na, *Avrupa'da Bir Cevelan*'dan *Üss-i İnkılap*'a kadar yazarın kaleminden çıkmış bütün kitaplar yer alacaktır.

Metinlerin neşrinde eserlerin orijinal diline bağlı kalınmış, ancak bu metinleri anlamakta zorluk yaşayan okuyucular için sayfa altında kelimelerin anlamları verilmiştir. Bu noktada çok aşırıya gidilmemiş, cümlenin anlaşılabildiğinin varsayıldığı durumlarda kelimelerin açıklamasına lüzum görülmemiştir. Tabii bu "anlaşılma" hususu izafidir; bu yüzden ortalama

8 SUNUŞ

bir üniversite öğrencisinin kelime dağarcığı göz önünde bulundurularak hareket edilmeye çalışılmıştır. Kelimelerin anlamları verilirken metnin içinde kazandığı anlama dikkat edilmiş, bütün sözlük anlamlarının verilmesine gerek görülmemiştir. Ayrıca aynı kelime her geçtiği yerde açıklanmamış, ancak okuyucunun kelimeyle ilk kez karşılaştığı sayfadan uzaklaşıldığında kelimenin anlamı yeniden verilmiştir. Bu uzaklaşma aralığı ise aşağı yukarı sekiz on sayfa civarında düşünülmüştür.

Osmanlıca metinlerin yeni alfabeye aktarılmasında Türkiye'de yerleşmiş bir imla ne yazık ki yoktur. Bu hususta bir birlik sağlamak amacıyla bu külliyat neşrinde Türk Dil Kurumu'nun *Yazım Kılavuzu* esas alınmıştır. Günümüzde yaşayan veya Türk Dil Kurumu'nun *Güncel Türkçe Sözlük*'ünde bulunan kelimeler için bu kılavuza uyulmuştur. Diğer kelimelerin yazımında ise okuyucunun kelimeyi doğru okuyabilmesi, kelimenin başka kelimelerle karıştırılmasının önüne geçilmesi gibi –esasında çok da somut olmayan– ölçüler tayin edilmeye ve bunlara uyulmaya çalışılmıştır. Kelimeleri mümkün oldukça uzatma, inceltme veya kesme işaretlerine başvurmaksızın yazılması amaçlanmış, böylece güncel, başka deyişle günümüz Türkçesinin imlasına uygun metinler oluşturulmak istenmiştir. İnceltme ve uzatma işaretleri kelimelerin doğru telaffuzu için gerekli olduğu durumlarda (kâtip, mükâfat vb.) veya başka bir kelimeyle karıştırılma ihtimali bulunduğunda (hala/hâlâ vb.) kullanılmıştır. Eski yazıdaki "ayn" harfi de kelimenin başka bir kelimeyle karışmasının veya doğru telaffuzu sağlamanın gerektiği durumlarda (') işareti ile (istib'ad, ta'zib vb.) gösterilmiştir.

Metinler yeni yazıya aktarılırken Batı dillerine ait özel isimler orijinal imlalarıyla yazılmıştır. Ancak Napolyon vb. kişi adları ile birçok şehir adında ise Türkçedeki yerleşik imlaya uyulmuştur.

Bu külliyat yayınının önemli bir özelliği de, romanlar da dahil olmak üzere, her cildin sonunda bir indekse yer verilmiş olmasıdır. Bu indeksin bu eserler üzerinde çalışacak araştırmacılara yararlı olacağını düşünüyoruz.

Son yıllarda yeniden edebiyat kamuoyunun gündemine giren, eserleri üzerinde yeni çalışmalar yapılan ve âdeta bir çeşit yeniden doğuş yaşayan Ahmet Mithat Efendi'nin, bu külliyat yayınıyla daha geniş bir araştırıcı ve okuyucu kesiminin ilgisine mazhar olacağını umuyoruz. Ahmet Mithat Efendi bu ilgiyi hak eden bir yazardır.

DERGÂH YAYINLARI

İçindekiler

BEN NEYİM? HAKKINDA

Ahmet Mithat Efendi, *Ben Neyim?* adlı eserinden önce hikmet bağlamında başka felsefi eserler ve makaleler de kaleme almıştır. Bu eserin en önemli yönü, Osmanlı'da materyalizme karşı ilk ciddi eleştirel eserlerden biri olmasıdır. Sahasında ilk eserlerden olmasının yanı sıra sosyalist hareketler Osmanlı topraklarına girmezden çok önce apolojik bir eser olarak yazılmıştır. Bu kitabı ilginç kılan bir diğer özellik de, materyalizm içeren görüşleri sebebiyle Rodos'a sürgüne giden Ahmet Mithat Efendi'nin İstanbul'a dönüşünden sonra materyalizme karşı takındığı yeni tavırdır.[1] Onun savunduğu veya bilmeden propagandasını yaptığı görüşlerden rücu ederek karşı cephede yer alması, üzerinde durulması gereken başka bir husustur.

Ahmet Mithat'ın başlangıçtaki materyalist fikirlere ilgi ve eğilimi birkaç yazısına münhasırdır. Daha sonra kaleme aldığı eserlerde bu konuda muhalif kalmış, İslâm inanç ve öğretilerine bağlı kalmıştır. O, materyalist fikirleri red bağlamında 1874'te Amerikalı W.J. Draper'in *Conflict Between Religion and Sciens* başlıklı kitabını Fransızcasından Osmanlıcaya çevirir ve eseri *Niza-ı İlm ü Din* (Din ve Bilim Çatışması) adıyla eleştirileriyle birlikte neşreder. Ahmet Mithat Efendi, Draper'in ağırlıklı olarak Katolikliğe karşı eleştirel olarak kaleme aldığı eserindeki İslâm'a yönelik haksız ve yersiz itham ve görüşleri tek tek ele alıp cevaplandırır. Ernest Renan gibi düşünürlerin İslâm'ın

---

[1] Nurettin Gemici, "İbnü'l Emin Mahmud Kemal İnal ve Muasır Tarihçilerle Arasındaki Tarihî Hakikatler ve Mütalaalar Hakkındaki Farklı Yaklaşımlar", *Türk Dünyası Araştırmaları*, 2008/177 Kasım-Aralık, s. 65-86.

ilmî düşünceye hayat hakkı tanımadığı ve gelişmesine engel olduğu fikrini şiddetle reddeder.

Din-i İslâm'ın uluma muhalefeti şöyle dursun, ulum-i riyaziye ve tabiiye vesaireden istintaç olunacak hikmet-i hakikiye din-i İslâm'ın dahi esas-ı metinesinin üssü olduğunu bedaheten gördüğümüz cihetle, işte bu gördüğümüzü göstermek için dahi, Draper'den intikad eylemekteyiz.[2]

Bu eserden önce kaleme aldığı ve *Ben Neyim?*'de de bahsettiği *Müdafaa* isimli kitabı ve aynı yılların ürünü olan *İstibşar ve Beşair* veya *Beşair-i Sıdk-ı Nübüvvet-i Muhammediyye* adlı eserlerini de unutmamak gerekir.

Yukarıda da belirtildiği üzere *Ben Neyim?* Osmanlı'ya materyalizmin girişinden çok önce Batılı filozofların Fransızca kaleme aldıkları yazılardan yola çıkarak cevap mahiyetinde kaleme alınmış ve *Tercüman-ı Hakikat* gazetesinde hikmet maddelerinden bahsedilen sütunlarda tefrika edilmiştir. O dönemlerde yeni revaç bulmakta olan materyalist felsefeye karşı yazılmış ilk apolojik eserlerden birisidir. Türkiye'ye materyalizmin girişi ve etkileri konusunda hayli çalışma yapılmıştır. Bunlardan bazıları için ansiklopedilerin materyalizm maddelerine bakılırsa pek çok kaynağa ulaşılabilir. Küçük boy olarak 124 sayfa tutan bu eser Ahmed Mithat Efendi'nin inanç bağlamında geldiği çizgiyi göstermesi bakımından önemli olduğu kadar Türkiye'de erken dönemde kaleme alınmış materyalizm karşıtı bir eser olması bakımından da önemlidir. Metinde geçen izaha muhtaç bazı kelime ve kavramlar dipnot olarak ilave edilmiştir.

Elinizdeki bu eser Ahmet Mithat Efendi'nin felsefi birikimini göstermesi bakımından önemli olduğu kadar o günün Türkiyesi'ndeki aydınların Batı'daki ilmî, felsefi ve edebî tartışma konularına katılım konusunda geri kalmadıklarını göstermesi bakımından da önemlidir.

NURETTİN GEMİCİ

---

[2] Ahmed Midhat Efendi, *Nizâ-ı İlm ü Din*, II, İstanbul, 1313/1897-8, s. 237-238

BEN NEYİM?
HİKMET-İ MADDİYEYE[1] MÜDAFAA

Malumdur ki Avrupa'da "Maddiyun"[2] denilen bir hikmet-i garibe[3] erbabı gittikçe çoğalıyor. Hikmetteki garabet, intaç[4] eylediği semerât[5] hakkında da enzar-ı istiğrabı[6] celp eyliyor. Zira bu hikmet tabiiyatı da maneviyatı da ale'l-ımıya[7] reddedivererek sırf maddiyetten ibaret bulunan mahiyetini malumat-ı nakısa ve kasıra[8] erbabına ve hele cühelaya[9] kolayca öğrettiğinden onu kabul edenler pek kolay çoğalıyorsa da netice-i hâlde insanlığı o unvandan beklenilen fezailden[10] bi't-tecrit[11] âdeta behimiyet[12] menzilesine indirmesiyle erbabını kâffe-i alâyık-ı beşeriyeden[13] mücerret[14] ve bütün mükevvenat[15] aleyhine ve hatta kendi nefsine bile düşman bir cani edip bırakıyor.

Evet! Kâffe-i alâyık-ı beşeriyeden mücerret! Zira analık, babalık, evlatlık, kardeşlik gibi alâyıkı o kudsiyet-i kadimesinden[16] ıskat[17] eyledikten maada izdivacı safderunane[18] bir esaret hükmüne koyarak men ile ve münasebet-i rical ve nisvanı[19] da vuhuşun ve tuyurun[20]

---

[1] hikmet-i maddiye: materyalist düşünce; materyalizm
[2] maddiyun: materyalistler
[3] hikmet-i garibe: tuhaf düşünce
[4] intaç (eyle-): meydana getirmek
[5] semerât: sonuçlar; ürünler
[6] enzar-ı istiğrab: şaşkın bakışlar
[7] ale'l-ımıya: körü körüne
[8] malumat-ı nakısa ve kasıra: eksik ve yetersiz bilgi
[9] cühela: cahiller
[10] fezail: faziletler; erdemler
[11] bi't-tecrit: ayırarak; soyutlayarak
[12] behimiyet: hayvanlık
[13] kâffe-i alâyık-ı beşeriye: bütün beşeri ilişkiler
[14] mücerret: arınmış; uzaklaşmış
[15] mükevvenat: varlıklar; yaratılmışlar
[16] kudsiyet-i kadime: eski kutsallık
[17] ıskat (eyle-): düşürmek
[18] safderunane: akılsızca
[19] münasebet-i rical ve nisvan: kadın erkek ilişkisi
[20] vuhuş ve tuyur: vahşi hayvanlar ve kuşlar

münasebat-ı hayvaniyesi suretine ifrağla[21] validiyet[22] ve mevludiye-ti[23] ve binaenaleyh uhuvvet[24] ve sair gûne[25] karabeti[26] hükmen dahi ortadan kaldırıyor. Bu hâlin taammümü[27] lazım gelse maazallahu Teala heyet-i içtimaiye-i beşeriye[28] bir köpek sürüsüne dönecek!

Evet! Bütün mükevvenâta[29] ve hatta kendi nefsine bile düşman bir cani! Zira insanlar arasında analık, babalık, evlatlık, kardeşlik gibi alâyık ve münasebat-ı tabiiye[30] kalmadıktan sonra dostluk, hemşeh-rilik hem-nev'lik[31] gibi münasebât-ı insaniye ve medeniye mi kalır ki nev-i beşer[32] yekdiğerinin hukuk-ı maddiye ve maneviyesine riayet eylesin de devair-i içtimaiye-i medeniyede[33] intizam ve inzibat kal-sın! Onun için bu hikmet-i acibenin[34] çoğaldığı yerlerde cinayetler çoğalıyor. İntiharlar da çoğalıyor ki işte kendi nefislerine adavet[35] ve hıyanet demek dahi budur.

"Hikmet" namını bile çok göreceğimiz bu acibenin[36] malumat-ı nakısa ve kasıra erbabı beyninde[37] suhulet[38] ve sürat-i intişarına[39] sebep tabiiyatı da maneviyatı da ale'l-ımıya reddedivermeleri yalnız maddiyatı ele almaları kaziyesi[40] olduğunu söyledik. Bunu biraz izah etmeliyiz:

Acibe-i mezkûrenin[41] peyda[42] ve şayi olduğu yerlerde "mane-viyat" denilen şeyi ne hâle koymuş oldukları karilerimize[43] malum-dur. Zira *Müdafaa* namıyla yazmış olduğumuz üç cildimiz ve sair birçok âsâr-ı hikemiyemiz[44] bu bapta karilerimize malumat-ı kâfiye

---

[21] ifrağ (et-): ulaştırmak; benzetmek
[22] validiyet: doğurma
[23] mevludiyet: doğurulma
[24] uhuvvet: kardeşlik
[25] gûne: türlü
[26] karabet: yakınlık
[27] taammüm: yayılma
[28] heyet-i içtimaiye-i beşeriye: insanlık
[29] mükevvenât: varlıklar
[30] münasebât-ı tabiiye: doğal ilişkiler
[31] hem-nev': türdeş
[32] nev-i beşer: insanoğlu
[33] devair-i içtimaiye-i medeniye: me-deni toplumlar dairesi
[34] hikmet-i acibe: tuhaf düşünce
[35] adavet: düşmanlık
[36] acibe: tuhaflık
[37] beyn: ara
[38] suhulet ve sürat-i intişar: kolay ve hızlı yayılma
[39] intişar: yayılma
[40] kaziye: konu
[41] acibe-i mezkûre: adı geçen tuhaflık; ilginç durum
[42] peyda (ol-): ortaya çıkmak
[43] kari: okuyucu
[44] âsâr-ı hikemiye: felsefi eserler

ita etmişlerdir. Bu hâlde daha ziyade tatvilâta[45] hacet kalmaksızın anlaşılabilir ki maneviyatın o türlüsünü reddedivermekte hiçbir külfet yoktur. Nasıl ki hiçbir kimse böyle bir külfeti görememektedir de! Vakıa bir de maneviyat-ı sahiha[46] vardır ki onu ne alel-ımıya ne de bi'l-yakaza[47] redde imkân yoktur. Ama bu maneviyat-ı sahiha ve hakikiye o acibe-i hikemiyenin[48] münteşir[49] olduğu yerlerde müteammim[50] değildir. Binaenaleyh maddiyun "maneviyat" denilen şeyin kendi memleketlerindeki suret-i mevcudesini reddedivermekte hiç suûbet[51] görmezler. Bunda hemen hemen efkâr-ı umumiyeyi dahi kendileriyle müttehit[52] bulurlar.

Tabiiyata gelince: Şimdiki hâlde tabiiyâtın bir kale-i zî-hayatı[53] demek olan Camille Flammarion* filvaki[54] maddiyunun vehmiyat-ı acibesini[55] kendi hikemiyat-ı tabiiyesiyle hırpalaya hırpalaya, yıprata yıprata eski paçavraya çevirerek suratlarına atıveriyor. Lakin fenalığın büyüklüğüne nispetle bu muvaffakiyetin ber-vech-i matlub[56] semeratı iktitaf[57] olunabilir mi? Camille Flammarion'un dakayık-ı hikmetini[58] anlayabilmek için ulûm-ı aidesine[59] vukuf lazımdır. Maddiyun mesleğinin asıl intişargâhı[60] olan avam beyninde ayak takımı meyanında[61] ulum-ı mezkûre[62] münteşir[63] midir ki Flammarion'un sözleri anlaşılabilsin? Ulûma olur olmaz bir vukuf ile mensup olanlar bile dakayık-ı hikemiyenin o mertebesine varamayarak ona nisbetle maddiyunun safsata ve mugalatalarını[64] bir hakikat-i sehlü't-tefehhüm[65]

---

[45] tatvilât (tatvil): sözü uzatma
[46] maneviyat-ı sahiha: gerçek maneviyat
[47] bi'l-yakaza: uyanık, gözü açıkolarak
[48] acibe-i hikemiye: tuhaf düşünceler
[49] münteşir (ol-):yayılmak
[50] müteammim: umumileşmiş
[51] suûbet: zorluk
[52] müttehit: birlikte
[53] kale-i zî-hayat: canlı kale
[54] filvaki: gerçekten
[55] vehmiyat-ı acibe: tuhaf ve gerçek dışı düşünceler
* Camilla Flammarion: (1842-1925). Astronomiye dair araştırmalarla ta-

nınmış bir Fransız ilim adamı (Haz.)
[56] ber-vech-i matlub: istenildiği gibi
[57] iktitaf (olun-): devşirilmek; toplanılmak
[58] dakayık-ı hikmet: felsefi derinlikler
[59] ulum-ı aide: ilgi sahasına giren ilimler
[60] intişargâh: dağılma ve yayılma yeri
[61] meyan: ara
[62] ulûm-ı mezkûre: adı geçen ilimler
[63] münteşir (ol-): yaygın olmak
[64] mugalata: yanıltıcı söz; hatalı ifadeler
[65] hakikat-i sehlü't-tefehhüm: kolay anlaşılır hakikat

olmak üzere kabul ediveriyorlar. İşte ezcümle Schopenhauer* ki güya hükemadan addolunmuştur, redd-i hikmeti için yazdığımız bir ciltte beyan ve tafsil olunduğu üzere bir insan senevi[66] yirmi otuz bin frank irada[67] malik olmadıktan sonra hakîm olamayacağına kanmış ve bunu âleme de kandırmaya çalışmış bir ucubedir.

Maneviyat ile tabiiyat bu veçhile kendilerinden tebâüd[68] eylediği halde bunların yalnız maddiyattan ibaret kalan hikmetleri demircilere ve kömürcülere varıncaya kadar herkesin hüsn-i telakkisine[69] mukarin[70] olmaz da ne olur? Zira o hikmet yeyip içmekten, yatıp kalkmaktan ve göz ile görülüp el ile lems[71] olunan ve bi'l-hendese[72] ölçülüp bi'l-hisab[73] tadat[74] edilen şeylerden ibaret kalır. Büchner** gibi uzemâsı[75] için böyle el ile tutulup göz ile görülen maddelerin ecza-yı ferdiyesine[76] doğru sevk-i zihin[77] edilerek bunlardaki "kuvve"[78] yani havassı[79] da tetebbu[80] yolu kapanmazsa da fikr-i hikmeti o kadar yükseltip inceltememiş olanlar için mevcudat ve onlardan edilecek ihtisasât[81] merada otlayan koyunların, sığırların müşahedât[82] ve ihtisasâtı derecesinden öteye geçmez. Koyunu, sığırı misal ittihaz[83] edişimize bakıp da işin içinde velev ki hayvani olsun bir hilm[84], bir mülâyemet[85] var zannetmemeli. Misalimizi bir kurt, bir kaplan olarak irad[86] eyleseydik belki daha doğru olabilirdi.

Yok yok! Yine doğru olamazdı. Hele bunlarca cemiyet-i beşeriye bir arı kovanına, bir karınca yuvasına, bir kunduz memleketine

---

* Arthur Schopenhauer: 1788- 1860 yılları arasında yaşamış Alman düşünürü. (Haz.)
[66] senevi: yıllık
[67] irat: gelir
[68] tebâüd (eyle-): uzaklaşmak
[69] hüsn-i telakki: güzel görme; olumlu yaklaşım
[70] mukarin (ol-): yakın olmak
[71] lems (olun-): dokunulmak; el ile tutulmak
[72] bi'l-hendese: geometri ile
[73] bi'l-hisab: matematikle
[74] tadat (edil-): sayılmak
** Louis Büchner: 1824-1899 yılları

arasında yaşamış maddeci Alman filozofu. (Haz.)
[75] uzemâ: büyükler; büyük bilginler
[76] ecza-yı ferdiye: kendi parçaları
[77] sevk-i zihin (et-): zihni yönlendirmek
[78] kuvve: potansiyel
[79] havass: özellikler; yetiler
[80] tetebbu: araştırıp inceleme
[81] ihtisasât: duygular
[82] müşahedât: gözlemler
[83] ittihaz (et-) : kabul etmek; saymak
[84] hilm: yumuşaklık
[85] mülâyemet: tatlılık; yumuşaklık
[86] irad (eyle-): vermek

müşabihtir[87]demek gibi ulviyât-ı tabiiyeye[88] doğru irtika ve itila[89] hiç doğru olamaz. Hayvanatta birer hiss-i hayvani var. Birer vazife-i hayvaniye var. Onlarda bunlar dahi yok. Bir çift güvercin yavrusuna anası babası müddet-i medide[90] yiyecek içecek getirmek, uçmayı öğretmek suretiyle analık babalık ediyor. Bu hiss-i hayvani imiş. Maddiyun ise hayvan mıdırlar ya? Onlar çocuklarını doğar doğmaz piçhaneye[91] bırakıyorlar. Kanunlar nazarında cezası idam bir cinayet olmasa belki de doğar doğmaz yavrularını boğarlardı. "Selamet ve saadet"ten ibaret olan maksad-ı müşterek üzerinde arıları, karıncaları, kunduzları cem eden şey vazife-i hayvaniye imiş. Maddiyun bu menzile-i pestide[92] kalabilirler mi? Onların kaidesi kendi benî nev'inden olan birisine: "Sen oradan def ol ki yerini ben zapt edeyim!" demektir. Tıraz-ı hikmetleri[93] budur: Nefsî, nefsî!

Bir hikmet ki dairesi küçüle küçüle nihayet "nefsî" menzilesine iniyor, artık o hikmeti tahsilde ne külfet kalır? İşte bunun içindir ki hikmet-i maddiye tabâyi-i tagiye ve bağiyenin[94] kâffesine muvafık gelerek erbab-ı sefilesi[95] de çoğalıyor.

Diyeceksiniz ki: Bunların "Nefsî!" demeleri de kâfidir. Eğer nefsini düşünürler ise Rabblerini de düşünürler. Marifet-i nefs[96] dahi bir re's-i hikmettir.[97]

Ağzınızı öpeyim! Evet! Nefsini bilen Rabb'ini de bilir. Hatta size şu eseri yazmaya beni teşvik eden şey dahi işte yalnız bu maddeden ibarettir. Bizce maddiyunu katiyen red için bile şu marifet-i nefsten başka bir şey iktiza[98] etmez. Onların netice-i hikmeti[99] olan bu kelime yine onların isbat-ı butlanı[100] için burhan-ı katı'[101] olabiliyor. Fakat bakalım onlar nefsi sizin gördüğünüz nokta-i nazardan mı görüyorlar?

---

[87] müşabih:benzer
[88] ulviyât-ı tabiiyeye: tabii yücelikler
[89] irtika ve itila: yükselme ve ilerleme
[90] müddet-i medide: uzun süre
[91] piçhane: yetimhane
[92] menzile-i pesti: düşük mevki
[93] tıraz-ı hikmet: felsefi üslup; düşünce tarzı
[94] tabâyi-i tagiye ve bağiye: azgın ve serkeşlerin mizaçları
[95] erbab-ı sefile: sefiller topluluğu
[96] marifet-i nefs: kendini tanıma
[97] re's-i hikmet: hikmetin başı
[98] iktiza (et-): gerekmek
[99] netice-i hikmet: hikmetinin sonucu
[100] isbat-ı butlan: delillerin geçersizliği;
[101] burhan-ı katı': sağlam delil

Yukarıki fıkramızda[102] beyan olunduğu üzere bir kere maneviyatı reddetmişler. Artık rububiyet,[103] halikıyet[104] falan onlar nazarında masal hükmünü almış. Halikıyeti rububiyeti madde ile onun havassı menzilesine kadar indirmişler. "Cevher[105] ve araz"[106] diye bizim hikmet-i kadimenin[107] öteden beri mevki-i tedkike çektiği şeyi onlar şimdi "madde ve kuvvet" diye adlarını değiştirerek güya yeni buldukları bir hakikat imiş gibi pişgâh-ı tetebbu ve tedkike[108] almışlar da ciltler dolusu düşündükten taşındıktan sonra bula bula bu iki mahluka[109] halikıyet isnadı hükmünü bulabilmişler. Çünkü cevherin arazdan, arazın cevherden tefriki[110] kabil değildir diye bunların başka bir kudrete iftikârları[111] olmadığını ve kendi kendilerinin Halik'ı olduklarını ve kıdem ve beka[112] bunlarda bulunduğunu hükmedivermişler. Binaenaleyh nefsi onların nokta-i nazarınca bilecek olursanız o marifet-i nefsten marifet-i Rabb'e[113] nasıl yol bulabileceksiniz ki o Rab dahi işte cevher ile arazdan ibaret çıkacaktır.

Nasıl? Belahetin[114] bu derecesine "hikmet" demekten hayâ edilmek lazım gelmez mi? Fakat sabır buyrunuz. Bakınız daha neler göreceksiniz!

"Hükema"[115] namını iğtisab[116] eden bu eşirra-yı eşkiya[117] eğer benim "ben"liğimde bir mevcudiyet var diye farz edecek olsalar şayet ben o benliğimle bunların hikmetine muhalif olurum havfıyla[118] benim benliğimi bile inkâr etmişler. Bana "Sen yoksun." diyorlar. Benim varlığım Halikımın de varlığına en büyük güvah[119] olacağını bilerek beni yok ederlerse Halikımın de yokluğunu evla bi't-tarik[120] olarak bana itiraf ettirebileceklerini tahayyülde bulunuyorlar.

[102] fıkra: makale; yazı
[103] rububiyet: Rabb oluş
[104] halikiyet: yaratıcılık
[105] cevher: öz
[106] araz: ilinek
[107] hikmet-i kadime: klasik felsefe
[108] pişgâh-ı tetebbu ve tedkik(e al-): araştırma ve inceleme için önüne almak
[109] mahluk: yaratılmış
[110] tefrik: ayrılma
[111] iftikâr: ihtiyacı olma
[112] kıdem ve beka: ezeli ve ebedi; öncesiz ve sonu olmayan
[113] marifet-i Rabb: Rabb'i tanıma
[114] belahet: ahmaklık; düşüncesizlik; eblehlik
[115] hükema: hakîmler; filozoflar
[116] iğtisab (et-): gasp etmek; zorla almak
[117] eşirra-ı eşkiya: azılı haydutlar
[118] havf: korku
[119] güvah: şahit
[120] evla bi't-tarik: daha uygun bir yol

Onların nazarında ben ne imişim biliyor musunuz? Gülmemenizi daha şimdiden ihtar ile işte haber vereyim:

Ben deriden mamul bir torba içine yani bir tulum derununa[121] konulmuş bir miktar et, yağ, kemik, su falandan ibaret imişim!

Bana diyorlar ki: İster isen bunları bir de analiz edelim. O zaman bunlar bir takım cevherlere munkalip[122] olurlar. Azot, asit, karbonitik falan gibi. Yalnız sen değil bütün nev-i beşer böyledir. Darılma efendim! Bütün mükevvenât ve mahlukat böyledir. Cümlesinin Halıkı işte bu cevahirdir ki onların birer de arazî hassası[123], kuvveti vardır. Onlar kadimdir[124]. Kendi hilkatleri için başka bir Halik'a muhtaç olmayıp belki bilahare her şeyi de onlar halk ederler.

Gücünüze mi gitti? Bunlara itiraz mı edeceksiniz? Ne diyeceksiniz? Diyeceksiniz ki sizde havass-ı hamse-i zahire[125] vardır. Lems edersiniz[126], zevk edersiniz, görürsünüz, işitirsiniz koklarsınız! Onlar bunlara da cevap veriyorlar. Bu hislere dimağın, gözün, cildin, burnun, kulağın birer melekesidir diyorlar.

"Meleke" nedir? Onu tayin edebiliyorlar mı ya! İşte "meleke" vesselam! Gözün suret-i teşekkülünden[127] münbais[128] bir kuvvet. Göz bir madde, rüyet[129] dahi bir kuvvet!

Hiddetiniz daha ziyade artıyor değil mi? Daha ileriye varıp diyeceksiniz ki sizde havass-i batına[130] dahi vardır. Tahassüsâtınız[131] var, aklınız var, elhasıl ruhunuz var.

Onlar sizin hiddetinize hafif hafif tebessüm-i müstehziyane[132] ile diyorlar ki: Bunlar dahi birer melekedirler. Dimağın kuva-yı mütenevviası[133]! Yoksa ruh denilen şey bile cehalet zamanlarından

---

[121] derun: iç
[122] munkalip (ol-): dönüşmek
[123] araz-ı hassa: özel ilinek
[124] kadim: öncesiz; ezeli
[125] havass-ı hamse-i zahire: görünen beş duyu
[126] lems (et-): dokunmak; el ile tutmak
[127] suret-i teşekkül: oluş şekli
[128] münbais (ol-): çıkmak; meydana gelmek
[129] rüyet: görme
[130] havass-ı batına: gizli ve görünmez duyular
[131] tahassüsât: duygular
[132] tebessüm-ü müstehziyane: alaycı gülüş
[133] kuva-yı mütenevvia: çeşitli kuvvetler

kalma bir zann-ı beyhude![134] Ruh nedir? Nerededir? Vücudunuzu teşkil eden o musanna[135] makinenin işlemesinden ibaret bulunan ve "hayat" denilen şeyin kâffe-i melekâtıyla[136] zahirde[137] tecelli-i hükmünden[138] ibaret! O makine bozulduğu gibi evvel-be-evvel melekât-ı mezkûreden[139] hiçbir şey kalmaz. Müteakiben şekl-i vücudunuzdan da bir şey kalmayarak cümlesi yine anasır- ı asliyeye ricat[140] ederler.

Ya ben?

Sen kim oluyorsun? Sen zaten var mı idin ki makine bozulup enkazı da çürüdükten sonra kendini arayabilesin?

İş bu dereceyi bulduktan sonra münazaranın[141] da uzaması tabiidir. Münazarayı uluma nakletmek lazım gelip onlar dahi bundan çekinmezler.

Bahsimiz mebhas-ı insan[142] olduğu için bittabi bir "antropolog" yani bir ilm-i ahval-i insan âlimi bulup ona müracaat ederiz. Adamcağız bize, "Osteoloji" yani ilm-i mebhasü'l-izamdan[143] başlayarak bina-yı vücudumuzu kemiklerle kurduktan sonra adalâtını[144], ensicesini[145], asabını[146] filanını da hep tertip eder. Bunların vezaifini[147] tadada[148] girişip elhasıl "psikoloji" yani mebhas-ı ruha kadar varır. Bu teşrihâtın[149] hiçbirisine feylesof-ı maddi itiraz ve muhalefet etmez. Nihayetü'l-emr[150] o antropoloğa sorar ki: Her uzvun melekesi neden münbaistir? O medar-ı inbias[151] nedir? Hasılı ruh nerededir? Nedir?

Antropolog vakıa sinirler üzerinde bir seyyale-i asabiye[152] cari olduğunu ve ihtisas ve melekât ondan ibaret bulunduğunu da söylerse de o seyyale henüz ele alınmamış, analiz edilmemiş olduğundan mahiyetini tayin edemediği gibi ruhun mahiyeti sualine de iki ellerini

[134] zann-ı beyhude: boş sanı
[135] musanna: sanatlı
[136] kâffe-i melekât: bütün melekeler; tüm yetenekler
[137] zahir: görünüş
[138] tecelli-i hüküm: hükmün gerçekleşmesi
[139] melekât-ı mezkûre: adı geçen yetiler
[140] ricat (et-): dönmek
[141] münazara: karşılıklı tartışma
[142] mebhas-ı insan: insan bahsi

[143] ilm-i mebhasü'l-izam: kemik bilimi; osteoloji
[144] adalât: kaslar; adeleler
[145] ensice: dokular
[146] asab: sinirler
[147] vezaif: görevler
[148] tadad: sayma
[149] teşrihât: şerh etme; açıp yayma
[150] nihayetü'l-emr: işin sonunda
[151] medar-ı inbias: çıkış noktası
[152] seyyale-i asabiye: sinirsel akım

yanlarına götürüp kollarını gererek, avuçlarını açarak gözlerini de semt-i semaya[153] dikerek kemal-i istiğrak[154] ile hayret cevabını verir.

Artık feylesof-ı maddideki muzafferiyete, sevince bakmalı! İşte davasını kazandı gitti! Hükmetti ki ben bir tulum dolusu et, kemik, yağ, jelatin falandan ibaretmişim! Hayat, ruh falan hep o vücut makinesinin netice-i âsâr-ı faaliyeti[155] olup makine bozulduktan sonra bir zaman için ben safi lahmden[156], şahmden[157] ibaret kalır imişsem de sonra bunlar dahi mütehallil[158] olarak kısm-ı azamı[159] gûnagûn[160] gazlara mütehavvilen[161] havaya ve kısm-ı asgari[162] bazı anasırı[163] havi[164] toprağa tahavvül[165] ediverirmiş de biter gidermiş.

*

Herif davasını böyle fünuna[166] da tatbik eylediği hâlde artık bunun butlanı[167] neresinde olduğunu bulup çıkarmak avam takımı şöyle dursun olur olmaz tahsil erbabı için dahi kabil olabilir mi?

Vakıa antropoloğa kendi itikadını, kendi imanını sorarsınız. O size der ki: Şu insan denilen makineyi kırk yıldır teşrih ve tetebbu[168] ediyorum, o kadar eser-i intizam görüyorum ki bunun müessirine[169] hayran oluyorum. Yalnız ben değil! Kimyager arkadaşım dahi bu hayrette! Fizikçi arkadaşım da bu hayrette! Müneccim arkadaşım da bu hayrette! Bir zerreden alınız da feza-yı bi-nihayeye[170] varıncaya kadar görülen intizam bir akl-ı küll[171], bir kudret-i muhite[172] cümlemizi hayran eyliyor. Zerreler içinde avalim[173] görüyoruz. Avalim fevkinde avalim var! Cümlesinde bir kanun ferman-ferma oluyor.

---

[153] semt-i sema: gökyüzü
[154] kemal-i istiğrak (ile): kendinden geçerek
[155] netice-i âsâr-ı faaliyeti: işleyişteki eserlerinin sonucu
[156] lahm: et
[157] şahm: yağ
[158] mütehallil (ol-): erimek; birbirine karışmak
[159] kısm-ı azam: büyük kısım
[160] gûnagûn: çeşit çeşit
[161] mütehavvilen: dönüşerek
[162] kısm-ı asgar: küçük kısım

[163] anasır: unsurlar
[164] havi: içeren
[165] tahavvül (et-): dönüşmek
[166] fünun: fenler; bilimler
[167] butlan: geçersizlik
[168] teşrih ve tetebbu (et-): araştırıp incelemek
[169] müessir: eser sahibi; yapan
[170] feza-yı bi-nihaye: sonsuz uzay
[171] akl-ı küll: tam akıl
[172] kudret-i muhite: kuşatıcı güç
[173] avalim: Âlemler; dünyalar

Cümlesi, müteharrik olarak, cümlesi de ilk kumandayı bir kumandandan almış oldukları görülüyor.

Bu sözü işitince o müthiş feylesofun sizde mucip olmuş bulunduğu inkibaz[174] biraz zail olarak genişçe bir nefes alıyorsunuz. Artık şu cüretle Flammarion, Louis Figuier'nin* ve sair tabiiyun-ı hükemanın[175] âsâr-ı hikmetini okuyarak tab'ınızda[176] ilk peyda olan ferahı arttırıyorsunuz. Hak Sübhanehu ve Teala[177] hazretlerinin muhit-i kâinat[178] olan âsâr-ı kudretinden varlığına bi'l-intikal iktisap[179] eylediğiniz safa-yı ruhani ile bahtiyar oluyorsunuz.

Lakin ben?

Ben benim benliğimi inkâr eden şerir[180] ile boğaz boğaza gelince kanaat hasıl edemeyeceğim. Zira evvela kendi varlığımı ispat etmeliyim ki bunda yalanı meydana çıkan şerirın Halikım, Mabudum hakkında yalanı meydana çıksın, ben muvakkaten[181] meyus[182] olduğum gibi o da müebbeden meyus ve makhur olsun.

Evet! Ben de okudum. Flammarionları da okudum, Figuierleri de! Darwinleri de okudum Descartesleri de! Schopenhauerları Bühnerleri bile okudum. İnkâr olunan benliğimi bulmak için dosta da sordum düşmana da!

Bir takımı bana "tezarüf ve tezamun"[183] tarikini gösterdi. Yani binlerce kutu birbirinin içine konmuş ve yekdiğerini tazarruf ve tazammun etmiş oldukları gibi ben babamda dahil imişim babam da babasında, o da kendi babasında ve helümme cerra.** Ama garabet bundan ibaret değil. Bende de bir takım evlat olduğu gibi evladımda da varmış ahfadımda[184] da! Yani bundan sonra dahi içice bir silsi-

---

[174] inkıbâz: tutukluk; sıkılma
* Louis Figuier: 1819-1894 yılları arasında yaşamış Fransız bilim adamı, kimyager. (Ed.)
[175] tabiiyun-ı hükema: natüralist felsefeciler
[176] tab': tabiat; mizaç
[177] Hak Sübhanehu ve Taalâ: noksan sıfatlardan uzak yüce Allah
[178] muhit-i kâinat (ol): evreni kuşatmak

[179] iktisap (eyle-): kazanmak
[180] şerir: kötü kimse
[181] muvakkat: geçici olarak
[182] meyus: üzgün
[183] tâzârrûf ve tazâmmun: içine alma ve kapsama
** "Bunu böylece devam ettir." veya "Var kıyas eyle." anlamında bir deyim. (Ed.)
[184] ahfad: torunlar

ledir ki gidecekmiş! İyi ama âbâ ve ecdada doğru bu geliş nereden başlıyor? Evlat ve ahfada doğru da bu gidiş nereye kadar gidecek?

Bu suallere cevab-ı mukni[185] bulmalı! O ise aman yarabbi ne kadar güç! Zaten mesele de bundan ibaret değil! Herif beni inkâr ediyor beni! Beni inkâr ettiği gibi babamın da varlığını inkâr ediyor. Benden öyle bir silsile-i irsi[186] bile kesip atıyor.

Kezalik bir takımı da beni ecram-ı semaviyenin[187] bazılarından getirip bazılarına götürüyorlar. O sırada yine bir seyyare[188] olan şu sitare-i arza[189] dahi indiriyorlar. Burada ikametim muvakkat olarak ferda-yı mematta[190] beni yine başka ecrama gönderiyorlar. Bunların farziyatı[191] hem daha tuhaf hem zahir-i hâlde[192] daha ziyade muvafık-ı fen görülüyor. Zira ben öldüğüm zaman ruhum şu arzdan uçarak başka kürelere kadar varmaya muhtaç olmuyor. Arz güneşin etrafında devvar[193] değil mi ya? Ondan ayrılan ruhum ilk durduğu yerde dursun. Arz tebaüd[194] ediyor. Ruhum durduğu yerde dururken başka bir seyyare kendi seyeran ve deveranı esnasında ruhuma çatıp onu kendi üzerine alıyor. Ben o kürede yeniden doğuyorum.

İyi ama bu farz ve tahayyülde de de bana bir fayda yok. Çünkü benim benliğimi inkâr eden herif bende bir ruh farz etmiyor ki onun avalimden[195] avalime seyeran ve cevelanı farziyâtına kulak verebilsin. Hele mesele nereden gelip nereye gittiğimiz meselesi hiç değil! Herif şuradaki mevcudiyetimizi bile reddeyliyor. Nereden geldiğimizden kat'-ı nazar bilhassa nereye gideceğimiz meselesi onu bir kat daha çıldırtıyor. "Ahiret" sözünü hiç dinlemek istemiyor. Bu söz onun için "Rabb" ve "Halik" kelimelerinden daha ziyade şayeste-i firar[196] bir söz!

Ey! Ben de cebren kahren[197] maddiyun-ı şerire[198] karşı mes-

---

[185] cevab-ı mukni: ikna edici cevap
[186] silsile-i irs: soy ağacı
[187] ecram-ı semaviye: gök cisimleri
[188] seyyare: gezegen
[189] sitare-i arz: dünya gezegeni
[190] ferda-yı memat: ölümden sonra
[191] farziyât: faraziyeler
[192] zahir-i hâl: görünüş

[193] devvar: dönmekte
[194] tebaüd (et-): uzaklaşmak
[195] avalim: alemler; dünyalar
[196] şayeste-i firar: kaçınılması gereken
[197] cebren kahren: zorla ve güç kullanarak
[198] maddiyun-u şerir: azgın materyalistler

kenet[199] boyunumu büküp kalacak mıyım? Zerrâttan[200] şumusa[201] varıncaya kadar her şey Halikımın, Mabudumun varlığına bahiren[202] şehadet edip durduğu hâlde ben "Ah! Daha kendi varlığımdan emin olamadım ki senin varlığını ikrar edeyim ey Mabudum!" diye çocuklar gibi ağlamakla mı kalacağım.

Heyhat! Bu mücahedede son dereceye kadar varıp elbette kendimi kurtaracağım. Bir kere kendimi kurtarayım, artık öte tarafı kolay! Ben varım ya? Kendi varlığımdan istediğim gibi istifade edeceğim. İstediğim şeye inanıp istemediğime inanmayacağım. Hele en büyük istediğim hayranı, müştakı[203] olduğum Rabb'imdir. Artık ona kâffe-i şevaib-i taklidden[204] muarra[205] bir iman-ı kâmil-i muhtarane[206] ile iman edeceğim. Haydi, öyleyse bismillah teşmir-i sâk-ı ictihad[207] eyleyelim.

*

Fakat şuracıkta sevgili karilerimle[208] din karındaşlarımla hususi bir hasbihâl edeceğim, diyeceğim ki:

Bu herifler eserden müessire intikal[209] kaide-i kadimesini[210] hükümden düşürmeye çalışıyorlar. Hatta isbat-ı vacib[211] emrinde en büyük eser insanın kendi varlığı olduğu cihetle onu bile madum[212] hükmünde göstermek için iltizam[213] eyledikleri şarlatanlıkları mahsusen o mugalatât-ı fenniyeye[214] kadar vardırıyorlar. Bi-inayetihi Teala[215] saye-i şeriat-i Ahmediye'de[216] füyuzât-ı hikmet-i İslâmiye[217]

[199] meskenet: miskinlik; tembellik
[200] zerrât: zerreler
[201] şumus: güneşler
[202] bahiren: açık seçik
[203] müştak: tutkun
[204] kâffe-i şevaib-i taklid: bütün taklit şaibeleri
[205] muarra: arınmış
[206] iman-ı kâmil-i muhtar: tam bağımsız iman
[207] teşmir-i sâk-ı ictihad (eyle-): paçaları sıvayıp bir işe girişmek
[208] kari: okuyucu
[209] eserden müessire intikal: tümeva-rım
[210] kaide-i kadime: en eski kural
[211] isbat-ı vacib: Allah'ın varlığını ispat
[212] madum: yok
[213] iltizam (et-): gerekli görmek
[214] mugalatât-ı fenniye: laf kalabalığı
[215] bi-inayetihi Teala: Allah'ın yardımıyla
[216] saye-i şeriat-i Ahmediye: Hz. Muhammed'in getirdiği şeriat sayesi
[217] füyuzât-ı hikmet-i İslâmiye: İslâm düşüncesinin feyizleri

ile onlara cevab-ı mukni[218] itası[219] muhalâttan[220] değilse de düşmanın elindeki silahı bilmekle beraber bezm-i rezme[221] vusul[222] için koydukları şerait-i ahdiyeye[223] de vukuf lazım değil midir? Hem bunların sözleri esasen safsata olmakla beraber mugalatât-ı fenniye ile ona öyle bir kuvvet veriyorlar ki olur olmaz davranış ile redleri de kolay görülemiyor. Ezcümle eserden müessire intikal maddesinin mucip[224] olabileceği tağlitât[225] hakkında diyorlar ki:

– Bir örs üzerinde bir saat görürsünüz. O saatin camı kırılmış, hem de üzerine bir çekiç ile vurularak kırılmış, bu inkisar işte bir eserdir. Şimdi bunun müessirine intikal lazım gelirse bila-tereddüd ve la-iştibah[226] dersiniz ki o saatin camını kıran çekiç ufacık bir çekiçtir. Ama pek ufacık, hem de gayet yavaş vurmuştur. Zira cam kırıldığı hâlde saatin yelkovanı ile akrebini ve bunların merbut olduğu mihver-i merkezîyi[227] ezmemiş, kırmamış. Saatin minesine de hiç dokunmamış. İmdi bu eserden hatta bu âsârdan intikal edebilir misiniz ki o camı kıran çekiç yedi sekiz yüz okkalık bir çekiçtir? Hem de kim bilir kaç milyon okkalık bir sıkletle inmiş olduğu hâlde yalnız bu eseri peyda ederek daha ziyade bir eser peyda edememiştir? Evet! İşte o saat bir büyük tersanenin buhar vasıtasıyla işleyen çekiç makinesinin örsü üzerinde bulunur. Bakınız! Çekiç de işte başınızın üstünde iki sütun-ı ahenin[228] arasına şahmerdanvari[229] sıkıştırılıp talik[230] olunmuş duruyor. Ufacık bir manivelayı eline alarak idare eyleyen üstat bu on beş yirmi kantarlık çekici vapur kuvvetiyle birden bire o saatin üzerine indiriyor ama saatin camı ile minesi arasındaki bir iki milimetrelik mesafeyi kat' etmesine ve mineyi de saati de ezip mahveylemesine meydan vermeksizin istoper[231] ediveriyor. İşte eserden müessire intikal maddesinde bu misilli galatât[232] bedihi

---

[218] cevab-ı mukni: ikna edici cevap
[219] ita (et-): vermek
[220] muhalât: imkânsız
[221] bezm-i rezm: mücadele, savaş meydanı
[222] vusul: erişme
[223] şerait-i ahdiyeye: sözleşme şartları
[224] mucip (ol-): gerekmek
[225] tağlitât: yanıltmalar; karıştırmalar

[226] bila-tereddüd ve la-iştibah: tereddütsüz ve şüphesiz.
[227] mihver-i merkezî: eksen
[228] sütun-ı ahenin: demir sütun
[229] şahmerdanvari: ağır çekiç gibi
[230] talik (ol-): asılmak
[231] istoper (et-): durmak
[232] galatât: hatalar

ve aşikârdır. Maddiyun-ı felasife ise böyle galatât üzerine bina-yı hikmet edemez.

Bu herifler bahsi derhâl daha ileriye, en ileriye kadar götürüyorlar. Üssen[233] itirazlarını Nasraniyet'e[234] hasrederek diyorlar ki:

Siz Rabb'inizin eseri olarak kendinizi bulmuşsunuz. Kendinizden ibaret bulunan eserden Rabbinize de intikal ederek onu da ağızlı burunlu, boylu poslu bir şey diye hükmeylemişsiniz. Görmek, işitmek, sevinmek, yerinmek gibi şeyleri de hep kendinizden ibaret bulunan eserden o müessire intikal suretiyle ona isnat eylemişsiniz. Hâlbuki eser müessirinin aynı da olamaz. Bir müzikacının yaptığı keman bir sandık, bir perdelik, eşik, dört mandal, dört kiriş vesaireden mürekkeptir diye kemanı yapanın onlardan mürekkep olması lazım gelmeyeceği gibi bu keman üzerine ok sürüldüğü zaman çıkardığı seda gibi bir sedayı müessirin de çıkarması hiç lazım gelmez.

İşte bu mütalaâtın kâffesi hatırlarda olarak a'da-yı merkumeye[235] karşı ona göre esliha-i müdafaa[236] tedariki lazım olduğu gibi hele onlar bizi bu müdafaa gayretinden dahi meyus düşürmek için evvel-be-evvel bizim mevcudiyet-i eneiyemizi[237] red ve inkâra kalkışıyorlar ki şu eserde ben yalnız kendi benliğimin yakasını onların dest-i taarruz-ı cebbaranesinden[238] kurtarabilirsem sair her suretle temin-i galibiyet için yalnız bu kuvvet bana kifayet eder.

Onlar meydan-ı mübarezeye[239] duhul[240] için elde fünun bulunmaktan başka silah dahi kabul etmiyorlar. Kütüb-i semaviye[241] onlarca berâhin ve delalil-i gayr-i makbuledendir[242]. Berahin-i akliye bile kabul olunmuyor. Ta ki fünun-u mevcude ve mütedavileye[243] muvafık olmadıkça! Kudema-yı hükemadan[244] hiçbirisinin sözünü de

---

[233] üss: esas
[234] Nasraniyet: Hıristiyanlık
[235] a'da-yı merkume: söz konusu düşman
[236] esliha-i müdafaa: savunma silahları
[237] mevcudiyet-i eneiye: benlik; varlık
[238] dest-i taarruz-ı cebbarane: zorbaca hücumlar
[239] meydan-ı mübareze: vuruşma, tartışma meydanı
[240] duhul: katılma
[241] kütüb-i semaviye: semavi kitaplar
[242] berâhin ve delalil-i gayr-i makbule: kabul edilmeyen kanıt ve deliller
[243] fünun-u mevcude ve mütedavile: mevcut ve geçerli ilimler
[244] kudema-yı hukema: kadim düşünürler

kabul etmiyorlar. Onları kâmilen cehl ile ittiham[245] eyliyorlar. Fakat yine kudema meyanında[246] kendi vehm-i batıllarına[247] takarrüb[248] etmiş olan bir kaç tanesi o techil-i umumiden[249] istisna ediliyorlar. Şimdiki uluma kudemanın hiçbirisi nail olamamış olduğu gibi onların müntehabı[250] olan herif dahi nail olamamış bulunduğunu irad edecek olursak cevaben diyorlar ki: Şimdiki keşfiyat-ı fenniye[251] onlara müyesser olmuş bulunsaydı meslek-i maddiyi daha o zaman şimdiki kuvvet-i kâfiyesiyle[252] tesis ederler idi.

Bunların münazarada şu dereceye vardırdıkları nazdan usanıp da vazgeçecek olursak onların canlarına minnet! Zira o hâlde kendileri bize istedikleri kadar müstehziyane taarruzatta bulunacaklar da biz onlara müdafaa bile edemeyeceğiz. Fünun-ı mevcudeden başka burhan ve delil kabul etmemelerinden şikâyet edecek olursak bize: "Ne yapalım? Biz hakayık-ı fenniyenin[253] netice-i delaleti[254] olan bir hikmete ittiba[255] eyliyoruz. Sizin hatırınız için bunca fünun-ı müsbete ve muhakkakayı [256] inkâr ve reddedemeyiz ya? Onlar muhakkakat-ı katiyedendir[257]. Onların gayrisi ise rivayâttan, zünundan[258] ibaret!" Derler.

İşte bu esbaba[259] mebni[260] onlara karşı evvel-be-evvel yalnız kendi varlığımı, hem de onların dahi reddedemeyecekleri fünun-ı mevcude ile ispata mecbur oldum. Bahsi mevridimize[261] miadımıza[262] kadar da vardırabilirdim. Ama o zaman söz ziyade uzanarak bahis dahi bir suret-i muğlaka peyda ederek bence arzu eylediğim katiyet ve sadelik husule gelemezdi. Bir kere kendi varlığımızı onların yed-i taarruzlarından kurtaralım, ihtiyarımızı ele alalım da nukât-ı saire[263] için de uğraşacak kudretimiz zamanımız olabilir. Ama kendi varlığımız bile onlarca merdud[264] ve münker[265] kalırsa hiçbir şeye muktedir olamayacağımız derkârdır.[266]

*

Hikmet-i maddiye nazarında benim ne olduğuma dair bundan evvel birkaç söz söylemiştiysek de o sözler gayet mücmel[267] ve âdeta işi zaten bilenlere bir ihtar, bir tezkâr[268] kabilindendiler. Şurada sözü maddiyun-ı felasifeye bırakalım. Benim ne olduğumu onlar söylesinler. İşte diyorlar ki: "Sen bir cism-i maddisin. Mayan maddedir. Mevalid-i saire-i maddiyeden[269] hiç bir farkın yoktur. Lühûm ve şuhûm[270] ve saireden farksız bir cism-i maddi olmakla kalmıyorsun. Hakâyık-ı maddiyece otlardan, ağaçlardan bile farkın yoktur. Zira madde aslında hep birdir. Peyda eylediği suver[271] ve eşkâle[272] göre bazı yerlerde nebat ve bazı yerlerde hayvan suretinde tecelli eder. Bunları tahlil edecek olursak birisinde bulduğumuz maddenin aynını diğerinde de buluruz. Tahallülât-ı tabiiyece[273] gâh nebatat hayvanata ve gâh hayvanat nebatata mütehavvil[274] olur. Mekûlat-ı nebatiye[275] vücud-ı hayvanda hall olunarak lahme[276] şahme[277] tahavvül eder. Mevadd-i uzviye-i hayvaniye[278] dahi bi't-tahallül[279] gübre olarak bilahere bir nebatın kökünden cismine nüfuz ederek nebata tahavvül eyler. Madde kuvvetten tecerrüd[280] edemez. Maya-i aslı ve hakiki olan madde hangi surete tahavvül ederse o suretin tabiiyet-i teşekküliyesince[281] kuvvet dahi kendini suver-i gûnagûnda[282] gösterir. Uzviyât-ı nebatiyede[283] acılık ve tatlılık ekşilik gibi şeyler hep

---

[264] merdud: reddolunmuş
[265] münker: inkâr edilmiş
[266] derkâr: açık
[267] mücmel: kısa
[268] tezkâr: hatırlatma
[269] mevalid-i saire-i maddiye: diğer maddelerin ortaya çıkışı
[270] lühûm ve şuhûm: etler ve yağlar
[271] suver: biçimler
[272] eşkâl: şekiller
[273] tahallülât-i tabiiye: tabii karışımlar
[274] mütehavvil (ol-): dönüşmek
[275] mekûlat-ı nebatiye: bitkisel yiyecek-

ler
[276] lahm: et
[277] şahm: yağ
[278] mevadd-i uzviye-i hayvaniye: hayvansal maddeler
[279] bi't-tahallül: karışarak; dönüşerek
[280] tecerrüd (et-): ayrılmak; sıyrılmak
[281] tabiiyet-i teşekküliye: oluşumundaki doğallık
[282] suver-i gûnagûn: türlü türlü biçimler
[283] uzviyât-ı nebatiye: bitkisel organizmalar

o tecelliyât-ı avarız-ı maddiyedendir. Bu hâl uzviyât-ı hayvaniyede dahi aynen böyledir. Madde maa-kuvvetiha[284] göz suretine girer görür, kulak suretine girer işitir, hatta beyin suretine girerek taakkul[285] ve tefekkür[286] bile eder. Ama bununla maddiyattan çıkmış olamaz. Onu halledersen görürsün ki suret-i asliye-i la-tefnasına[287] avdet[288] eder. Evet! Madde la-tefnadır. Asla, fena[289] bulmaz. Fani olan şey onun peyda eylediği suver-i muvakkate-ı gûnagûndur[290]. Sen de onun bir suret-i muvakkatasısın[291]. Sen fena bulursun. Fakat seni teşkil eden madde fena bulmaz. Madde fani olmayıp baki olduğu gibi hâdis[292] de olmayıp ezelîdir. Senden evvel senin mayan kim bilir daha kimlerin vücudunu teşkil etmiştir. Onlardan bir şey kalmadığı gibi senden de bir şey kalmayacaktır. Sen kendinde bir "ruh" var diyorsun. Asıl benliğin de o ruhtan ibaret sanıyorsun. Hayvanat-ı sairede ve bahusus nebatatta o ruh var mı ki sende dahi olsun? Çürüyen bir devedikeninin nesi kalıyor ki? Kesilip kazana giren bir kuzunun nesi kalıyor ki? Sende varlığını iddia eylediğin ve hatta sen öldükten sonra onun bekasını bile umduğun ruh mevadd-ı saire-i uzviyede[293] dahi bulunsaydı o zaman mesele bahse şayan görülürdü. Ama hayvanatta ruh olmadığını hükema-yı ruhaniyun[294] itiraf ediyorlar. Ruh yalnız insanda vardır diyorlar. Vakıa tabiiyun bu davanın pek çürük olduğunu gördükleri için ruhu hayvanata, nebatata kadar tamim[295] etmek istiyorlarsa da yine beyhude zahmete giriyorlar! Evet! Biz de görüyoruz ki çalı fasulyesi nevinden bazı nebatat bir duvar kovuğuna baş vurduğu zaman güya ilerisinin çıkmaz olduğunu anlıyor da kıvrılıp dönüyor. Biz de görüyoruz ki nebatatı ziya-yı şemse[296] teveccühten[297] hiçbir şey men edemiyor.

---

[284] maa-kuvvetiha: kuvvetle birlikte
[285] taakkul (et-): akletmek
[286] tefekkür (et-): düşünmek
[287] suret-i asliye-i la-tefna: yok olmayan ilk biçim
[288] avdet (et-): dönmek
[289] fena (bul-): yok olmak
[290] suver-i muvakkate-ı gûnagûn: çeşitli geçici biçimler

[291] suret-i muvakkata: geçici biçim
[292] hâdis: yeni; sonradan ortaya çıkmış
[293] mevadd-ı saire-i uzviye: diğer organik maddeler
[294] hükema-yı ruhaniyun: ruhçu filozoflar
[295] tamim (et-): genellemek
[296] ziya-yı şems: güneş ışığı
[297] teveccüh (et-) : yönelmek

Biz de görüyoruz ki bir tohumun filizi ile kökü semt-i imtidadlarını[298] hiç şaşmıyorlar. Toprağa tersine bile konulsalar yine filiz kısmı toprağa doğru uzanıp gitmeyerek tersine dönüp sath-ı arza[299] çıkıyor. Kezalik kök kısmı dahi sath-ı arza doğru gelmeyerek tersine kıvrılıp yere gömülüyor. Kezalik bir ördek yavrusu yumurtadan çıkar çıkmaz yüzebildiğini biz de görüyoruz. Lakin bunlardan ne çıkar? Tabiiyunun da dedikleri gibi bunlara hiss-i hayvani ve hiss-i nebati der öte tarafa geçiverirsin. İnsan teşekkül-i uzviyet cihetiyle sair hayvanlardan daha muntazam olduğu gibi hiss-i hayvani cihetiyle de onlara faik[300] vesselam. Yoksa bunun ruh neresinde, ruhaniyet nerede? Bir ağacı yakarsın. Havadan aldığı mevadd-ı gaziye[301] neden ibaretse yine gaz olarak çıkar gider. Yerden aldığı mevadd-ı madeniye neden ibaret ise ol miktar kül olur kalır. Hatta o külü tahlil etsek müterekkip olduğu emlahı[302] da anlarsın. Bir hayvanı yakarsan aynı bu neticeyi görürsün. Bir insanı yaksan yine aynıyla bu neticeyi göreceksin. Mevadd-ı uzviyenin kâffesi suret-i terekküp ve teşekkülünce[303] bazı melekâta[304] cevelangâh[305] olur. Nebatat meyanında bazıları vardır ki kendilerine duyulur duyulmaz dokunulsa lerzenak[306] olarak tebdil-i şekl[307] ederler. Bu hâl maddenin işte o nebatta görülen şekilde müteşekkil olmasının hassasıdır. O nebatı teşkil eden maddeyi bozup bir örümcek yapacak olsak o da iki bin tanesi bir arada bükülse bir kıl kalınlığında olamayacak kadar ince teller ifraz ederek muhayyir-i ukûl-i mühendisîn[308] olan yuvalar yapardı. İnsandaki teşekkülât bunların cümlesinden daha ziyade mükemmel olduğu için havass-ı beşeriye[309] dahi cümlesinden daha âlîdir.[310] Lakin bu ahvalin kâffesi maddiyatta bunların müsavi[311] olmalarını men edemez. Her şeyde müsavi oldukları gibi "ruh" denilen ve netice-i havass-ı teşekkül

---

[298] semt-i imtidad: uzayacağı yön
[299] sath-ı arz: yeryüzü
[300] faik: üstün
[301] mevadd-ı gaziye: gaz maddeleri
[302] emlah: tuzlar
[303] suret-i terekküp ve teşekkül: oluşma biçimi
[304] melekât: melekeler; kabiliyetler
[305] cevelangâh: dolaşma yeri

[306] lerzenak (ol-): titremek
[307] tebdil-i şekl (et-): şekil değiştirmek
[308] muhayyir-i ukûl-i mühendisîn (ol-): mühendislerin akıllarına durgunluk vermek
[309] havass-ı beşeriye: insana ait özellikler
[310] âlî: yüksek
[311] müsavi: eşit

olan şeyde dahi müsavidirler. Yani hakikatte bir nebatın ruhu nasıl yok ise bir hayvanın, bir insanın da ruhu yoktur. O insanın binası vücudu mahvolunca ruhu dahi mahvolmuş olur. Ruh vardır da onda bir beka[312] vardır demek sırf eser-i cehl ve nadanidir[313]!

İşte benim ne olduğumu söylediler. Dikkat buyuruldu ya bunlar hikmet-i tabiiyeye[314] ne kadar takarrüb[315] eylediler. O hikmetin de kuvvetinden kendileri istifade etmek için!

Şimdi biz istersek şuradan bir girizgâh[316] tutturarak bunlarla isbat-ı vacib için bir münazara-i şedideye[317] girişebiliriz. Evvela deriz ki madde ve bizce daha doğrusu anâsır denilen şey Hakk sübhanehu ve Teala hazretlerinin destgâh-ı hilkati[318] için ham eşya mesabesinde olup evvel Kâdir-i Mutlak bunları istediği şekle ve surete sokarak herbirine istediği gibi istidadı verir. Buna razı iseniz aramızda hiçbir ihtilaf kalmayarak gayeti[319] "Herkesin maksudu bir ama rivayet muhtelif" deyiveririz. Lakin onlar bunu kabul edemezler. Zaten onların serd eyledikleri mülahazât[320] bir sani'-i vacibü'l-vücudun[321] reddi içindir. O halde anâsır-ı mütehalifenin[322] suver-i malume-i mükevvenâta[323] ne gibi bir kudret-i saikanın[324] şevkiyle girdiklerini sorarız. Zaten onlarda mevcut olan cevabı ita ederek "tesadüf ile" derler. Tesadüfün bu kadar daimi, bu kadar umumi bir intizamı temin edemeyeceğinden bahisle isbat-ı vacibe kadar artık bizim için meydan açılmış olur.

Lakin bizim maksadımız bu değildi. Biz evvela böyle bir münazaraya girişmek için kendi varlığımızı ispat edecektik. Zaten onlar dahi bizi bu vadilerde söz söyleyebilmekten men için bize maddiyetten başka bir varlık hükmetmemişlerdi. Sözün kısası bizi hakk-ı kelamdan ve hakk-ı müdafaadan bile men etmeye kadar varmışlardı.

---

[312] beka: sonsuzluk
[313] eser-i cehl ve nadani: bilgisizlik eseri
[314] hikmet-i tabiiye: fizik bilimi
[315] takarrüb (eyle-): yaklaşmak
[316] girizgâh: giriş; başlangıç
[317] münazara-i şedide: şiddetli tartışma
[318] destgâh-ı hilkati: yaratılış tezgâhı
[319] gayeti: sonuçta

[320] mülahazât: düşünceler
[321] sani-i vacibü'l-vücud: varlığı kesin bir yaratıcı
[322] anâsır-ı mütehalife: biribirinden farklı öğeler
[323] suver-i malume-i mükevvenât: yaratılmışların bilinen biçimleri
[324] kudret-i saika: sevk eden güç

Binaenaleyh onların bu "tesadüf" cevabını vermelerine sebebiyet gösterecek es'ile-i mukaddimeyi[325] de irada hacet görmeyerek biz bahsimizi yine başladığımız surette yürütmek azminde devam eyleriz. Bu hâlde evvela maddiyunun bizim tayin-i mahiyet-i maddiyemiz[326] hakkında söylemiş oldukları sözleri güzelce ve tamamıyla anlayıp anlayamamış olduğumuzu kendilerine göstermek için deriz ki:

Mahiyet-i maddiyemiz hakkında söylediğiniz sözler kavanîn-i tabiiyeye[327] de hiç mugayir[328] değildir. Filvaki[329] o nokta-yı nazarca[330] mevcudiyetimiz bizim varlığımız demek olmayıp belki biz dahi maddeye ait bir varlık demeğiz. Yani biz bize malik olmaktan ziyade madde bize malik oluyor. Biz "Mevadd-i müteşekkilemiz" yahut "anâsır-ı müteşekkilemiz" diyemeyeceğiz. Madde diyecek ki "Siz benim şekil ve suret verdiğim vücutlarsınız. Benim mahluklarımsınız!" Öyle değil mi?

Bizim şu sözümüz maddiyun-ı felasifenin ziyadesiyle hoşuna gidecek. Pek anlayışlı şeyler olduğumuzdan bahisle bize tahsinler,[331] aferinler yağdıracaklar. Fakat biz şu meseleyi daha derin anlayıp anlamamış olduğumuzu ispat için:

– Öyleyse biz kavl-i atike[332] göre her yedi senede bir kere ve diğer bir kavl-i cedide[333] göre her çend[334] mahta[335] bir defa halikımızı[336] tebdil ediyoruz. Çünkü bugün vücudumuzun teşekkül eylediği mevadd bir kavle göre yedi sene ve bir kavle göre çend mah mukaddem[337] yok idi. O müddet zarfında peyda oldu. Yine o kadar müddet sonra yok olarak yerine diğerleri kaim olacak.

Deyince o kemal-i inbisat[338] ile bize tahsinler aferinler yağdıran profesörün çehresi ne kadar bozulacağına siz dikkat ediniz.

---

[325] es'ile-i mukaddime: başlangıç soruları
[326] tayin-i mahiyet-i maddiye: maddi mahiyeti belirleme
[327] kavanîn-i tabiiye: doğa kanunları; fizik kanunları
[328] mugayir: ters
[329] filvaki: gerçekte
[330] nokta-yı nazar: bakış açısı
[331] tahsin: beğeni
[332] kavl-i atike: eski görüş
[333] kavl-i cedide: yeni görüş
[334] çend: birkaç
[335] mah: ay
[336] halik: yaratıcı
[337] mukaddem: önce
[338] kemal-i inbisat: tam bir memnuniyet

Bizim bu sözümüzdeki hikmet nerelere kadar varacağını ihtimal ki karilerimizden pek çokları vehleten[339] anlayamamışlardır. Fakat o hikmet-i maddiye muallimi vehleten anlamıştır. Bu mukaddime ile can damarlarına dokunduğumuzu da canlarında peyda olan acı ile anlamışlardır.

Âsâr-ı hikemiyemizden[340] birisinde epeyce tafsilat arz eylemiş idik ki insanın vücudu daimi bir kararda durmaz. Bugün parmaklarımızı teçhiz eyleyen tırnaklar bugün vechimizi[341] tezyin[342] eyleyen sakal ve bıyık ve sair tüyler bundan çend-mah mukaddem yok idiler. Biz onları bir yandan kestikçe onlar kökünden sürerek mevcutları münadim[343] oldu. Yerlerine yenileri geldi.

Yine bunun gibi vücudumuzda cevelan eden kanlar dahi bundan bir zaman evvelki kan değildir. Bir zaman sonra bundan eser kalmayarak yerine tazesi, yenisi gelecektir. Zira kanımız vücudumuzu her defa cevelanında hararet-i gariziyemizle[344] yanarak ciğerlerde bi't-tasaffî[345] kömürü asit karbonik suretiyle nefesimizle beraber ağzımızdan çıkıp gidiyor. Bu suretle la-yenkati[346] eksilen kanın yerine de her gün o gıdamızın peyda eylediği kilüs[347] kana karışarak tazmin[348] ve cebr-i mafat[349] hükmünü alıyor.

Tabiiyun-ı hükemanın gayet mahirane ve mütehayyirane bir surette ispatlarına göre bu teceddüd-i daimi[350] cildimizde lahm ü şahm[351] ve uruk[352] ve asabımızda vardır ki tafsilatın bu cihetini daha ileriye götürecek yer burası değildir. Zaten bu acibe-i tabiiye pek çok kimselere malum olduğu gibi münazaramız olan maddiyun-ı hükemaya dahi malumdur. Binaenaleyh meramımızı onlara anlatmak için de tatvilat-ı durâdura[353] muhtaç değiliz. Onlar meramımızı bizim anlatabileceğimiz dereceden de ziyade olarak anlamışlardır.

---

[339] vehleten: bir anda
[340] âsâr-ı hikemiye: felsefi eserler
[341] vech: yüz, çehre
[342] tezyin (eyle-): süslemek
[343] münadim (ol-): yok olmak
[344] hararet-i gariziye: vücut ısısı
[345] bi't-tasaffi: arınmayla
[346] la-yenkati: aralıksız

[347] kilüs: ak kan
[348] tazmin: karşılama; yerine koyma
[349] cebr-i mafat: telafi etme
[350] teceddüd-i daimi: sürekli yenilenme
[351] lahm ü şahm: et ve yağ
[352] uruk: damarlar
[353] tatvilat-ı durâdur: uzun uzadıya açıklamalar

Zaten bu anlayış onlar için bir beliyye-i azimedir[354] ki yokluğunu iddia eyledikleri ruhlarını en ziyade tazib[355] eden dahi bu haldir. Bu hal onlar için kendi kendine kaim ve daim bir itirazdır ki cevab-ı şafi[356] ve mukni[357] ile onu izaleye bir türlü kudret bulamadıklarından ızdırab-ı ruh ile kıvrım kıvrım kıvranırlar.

Ama bu ızdıraplarını onlar bize göstermemek isterler. Kitaplarında buna dair olan bahsi pek tez geçerler. Hatta bizim aleyhimize tahvil-i hüküm ve burhan[358] için gayet ustalıklı bir mugalata-i hikemiye[359] yaparak derler ki:

Evet! Halik-ı vücudunuz olan madde gayet mütebeddil gayet mütehavvildir[360]. Bu ise maa-kuvvetiha maddenin faaliyet-i daimesini[361] gösterir. Evet! Bugün "benim, biziz" dediğiniz vücudu teşkil eden madde çend[362] mah[363] veyahut çend sene sonra bi't-tedric[364] ve bi'l-külliye[365] ayrılarak sizden başka sair vücutları da teşkile giderler. İhtimal ki çend mah veyahut çend sene evvelki Ahmet Mithat şimdi bir gül fidanı bir kelebek bir solucanla birkaç da sair böcek veyahut çiçek vücuduna münkasım[366] olmuştur. Lakin bundan kaide-i esasiyemiz için ne muhalefet görülür? Maddedeki kuvve-i halıkıye işte böyle nazar-ı hikmetimizde bütün bütün vâzıhan[367] mütecelli[368] oluyor. Biz öldüğümüz zaman maddiyatımızın ölmeyeceğini bize bu suretle gösteriyor. Yani bizden evvel işte vücudumuz beher çend mah veyahud beher çend sene zarfında bir kere bize göre helak olup başkalarına göre yeniden tevellüd[369] ediyor.

Mesele şu veçhile nazikleştikçe karilerimizin dahi nazar-ı hikmetlerini dört açmalarını rica ederiz. Zira hakikat-i matlubeyi[370] şu

---

[354] beliyye-i azime: büyük bela; zorluk
[355] tazib (et-): üzmek
[356] cevab-ı şafi: işe yarar ve ikna edici cevap
[357] mukni: ikna edici
[358] tahvil-i hüküm ve burhan: delil ve hüküm ileriye sürme
[359] mugalata-i hikemiye: felsefi laf kalabalıklığı
[360] mütebeddil/mütehavvil: değişken
[361] faaliyet-i daime: sürekli faaliyet

[362] çend: birkaç
[363] mah: ay
[364] bi't-tedric: yavaş yavaş
[365] bi'l-külliye: tamamen; büsbütün.
[366] münkasım (ol-): ayrılmak; paylaşılmak
[367] vâzıhan: açık seçik
[368] mütecelli (ol-): görünmek; ortaya çıkmak
[369] tevellüd (et-): doğmak
[370] hakikat-i matlube: aranan gerçek

mugalata-i hikemiyeden kurtarıp halas eylemek için bu açıkgöz-lülüğe, bu zeyrekliğe[371] ihtiyac-ı tammımız vardır. Binaenaleyh bir yandan "Feylesof-ı maddi[372] bize ölmeksizin birçok defalar kalıbı değiştirtiyor." latifesiyle biraz da gülelim ama şu hakikat-i fenniyeyi inkâra imkân şöyle dursun zaten onlara karşı asıl burhan-ı fennimiz[373] dahi bu olduğundan bu ipucunu zinhar elimizden bırakmayalım.

Şu mevcudiyet-i maddiyemizin la-yenkati[374] tebeddülü vücu-dumuzun mahluk-ı madde[375] olmayıp belki mahluk bi'l-madde[376] olduğunu ispat eden burhan-ı maddi ve katidir. Eğer biz maddenin mahluku olsa idik, halikımız olan maddenin bizden infikâkiyle[377] mahlukiyetin de bizden infikâki lazım gelirdi. Mahluk bi'l-madde olursak hazret-i Halik bizim cismaniyetimizi maye-i madde ile halk buyurmuş olur ki, onu da lisan-ı hikmet-i şer'iye "toprak" diye tabir eder. Bu toprak bir tabir-i eamdır[378]. Ona bir de "tîn"[379] tabir olu-nunca işte su dahi dahil olmuş olur ki mevcudiyet-i cismaniyemizin dörtte üçünden ziyadesi su olduğunu erbab-ı ulumun tahlili de meydana koyar. Nimetullahtan[380] bila-israf yeyip içmeye mezuni-yet ve hatta memuriyetimizin vechi ve hikmetiyle şu mevcudiyet-i cismaniyemizin layenkati tebeddül ve teceddüdü[381] arasında büyük bir münasebet-i fenniye ve hikemiye mevcuttur. Demek oluyor ki, mevcudiyet-i unsuriyemizden ne miktarı eksildikçe Hakk sübhanehu ve teala hazretleri yine unsuriyât ile o mafatı[382] cebr ve ikmal[383] için yeyip içmemizi tedbir buyurmuştur.

Bu hâlde biz maddenin mahluku, mashubu[384] değiliz. Madde bizim levazım-ı tekemmülât-ı cismaniyemizdendir[385]. Eğer maddenin

---

[371] zeyreklik: uyanıklık
[372] feylesof-ı maddi: materyalist filozof
[373] burhan-ı fenni: ilmi delil
[374] la-yenkati: sürekli
[375] mahluk-ı madde: maddenin yarat-tığı varlık
[376] mahluk bi'l-madde: maddeden ya-ratılan varlık
[377] infikâk: ayrılma
[378] tabir-i eamm: genel, amiyane tabir

[379] tîn: çamur
[380] nimetullah: Allah'ın nimetleri
[381] tebeddül ve teceddüd: değişme ve yenilenme
[382] mafat: kayıp
[383] cebr ve ikmal: yerine koyma; ta-mamlama
[384] mashub: sahibi olma
[385] levazım-ı tekemmülât-ı cismaniye: maddi varlığı tamamlayan unsurlar

o tebeddülât ve tahavvülâtı ile bizden ayrılması üzerine bizi de bi't-tedric alıp götürmek gibi bir hâl olsa idi maddiyun-ı hükema yerden göğe kadar hak kazanırdı. Biz de kani olurduk ki, bizde bizlik ve varlık olmayıp biz de maddeyiz, bizdeki varlık da! Ama işte madde bizden ayrılıyor da biz yine varlığımızda kaim ve ecel-i müsemmamıza[386] kadar daim bulunuyoruz.

Tatbik ve izahın bu derecesi eneiyetimiz başka cismaniyetimiz başka olduğunu yani bu vücud-ı cismani içinde bir ruh, bir "ben" mevcut bulunduğunu hele ehl-i insafa teslim ettirir ise de feylesof-ı maddiye teslim ettiremez. Bahsin bu mertebesine kadar arkamızdan koşup yakamıza sarılır. Zira teslim-i bahsederek bizi koyuverecek olsa biz artık varlığını ispat eylediğimiz ruhun bekasına filana ve Halik-ı ruh olan Rabbimize ve onunla münasebatımıza doğru bahsi yürüterek feylesof-ı maddiyi pek geride bırakırız. Biz bahs-i hikmetimizi yükselttikçe o aşağıda kalarak nihayet bi-inayetihi Teala[387] o esfel-i safilin-i inkârda[388] kaldığı hâlde biz âlâ-yı illiyyîn-i vusule[389] kadar fazl-ı Rabb'imiz ile yol almış oluruz.

Fakat acelemiz ne? Biz onların ellerinden kaçıp da kurtulmaya muhtaç değiliz. Onlar meyus olarak da bizim yakamızı bıraksınlar da biz kendi kendimize kaldıktan sonra istediğimiz gibi harekette muhtar bulunuruz. Binaenaleyh ta bahsin bu derecesine kadar takiben söyledikleri sözleri dinleyelim. İşte diyorlar ki:

– Sizin vücudunuzu teşkil eden maddenin la-yenkati tebeddül ederek her zerresinin yerine zerrât-ı cedide[390] gelmesi bundan sizin hüviyetinizin güya tebeddül etmemesi sizde "ben"lik başka maddiyat başka olmasını kabul ettiremez. Bu bapta nazar-ı dikkat ve hikmete alınacak daha pek çok şeyler vardır. Ezcümle üç yaşındaki bir insan on dört yaşındakinin yirmi yaşındakinin otuz beş yaşındakinin elli, altmış beş, seksen, yüz yaşlarındaki insanın aynıdır diye iddia edebilir misiniz? Bu hâlde "İşte madde bizden ayrılıyor da biz yine varlığımız-

---

[386] ecel-i müsemma: takdir olunan ecel
[387] bi-inayetihi Teala: Allah'ın yardımıyla
[388] esfel-i safilin-i inkâr: inkârın aşağı-

larının aşağısı
[389] âlâ-yı illiyyîn-i vusul: ulaşılabilecek en yüce nokta
[390] zerrât-ı cedide: yeni zerreler

da kaim ve ila ecel-i müsemma[391] daimiz." diye istintac[392] eylediğiniz hüküm batıl olduğu kendi kendisine meydana çıkıyor. İnsanın her çağındaki ahvaline göre fizyoloji ve psikoloji o kadar mütehalif[393] hükümler veriyor ki bir çağdaki insan diğer çağdaki adamın ya sureten veya sireten aynıdır demeğe imkân mutasavver[394] olamıyor. Bunun tafsili ve izahı elbette malumunuz olduğundan burada iradlarına lüzum yoktur. Zira biz "antropoloji" dersi vermiyoruz. Hikmetten bahsediyoruz. Buralarını bilmeyen, fark etmeyen insanın bu münazara-i hikemiyeye iştiraki de caiz olamaz. İmdi biz yine iddia-yı evvelimizde sabitiz. İnsan mevcudiyet-i maddiyesinden ibarettir. Ondan başka vücutta bir "ben" yoktur. Ruh falan esatir-i evvelîn[395] kabilindendir. Hele ruhun kıdemini, bekasını tahayyül bi'l-külliye müsteb'addır[396]. İnsanı hangi çağında ne gibi havass ile madde nasıl teşkil ediyorsa insan dahi öyle oluyor. Çocukluk, gençlik, babayiğitlik, ihtiyarlık, bunaklık gibi hâller gösteriyor. Eğer sizin iddia-gerdeniz[397] gibi insanda bir ruh bulunsa, o ruh dahi baki olsa ve insanın mevcudiyet-i cismaniye ve maddiyesindeki tebeddül ve tahavvül-i daimi o ruhtan müstakil ve ondan başka bir şey bulunsa idi insanın her çağında bir başka türlü ahkâm-ı fiziyolojikiye ve pisikolojikiye[398] gösterebilmesi kabil mi idi? İnsan hep bir hâlde bulunmalı idi!

Nasıl? Şimdi feylesof-ı maddiyi bu itirazlarla bırakıp kaçmak caiz görülür mü? Sonra "Kaçtı!" demez mi? Biz ise kaçmakla değil merdane müdafaa ile kurtulmak istiyoruz. Biz kaçmayalım o ricat eylesin diyoruz.

En tuhafı şurası ki feylesof-ı maddi bize bu sözleri asıl kendi vicdanının hilafına olarak söylüyor. Zaten bunlarda asıl kendi vicdanlarını ikna ve tatmin edecek hikmet yoktur ki! Var olsaydı intiharı tecviz[399] ve icra dahi ederler mi idi? Ruhları daim ızdırapta çünkü

[391] ila ecel-i müsemma: takdir edilmiş ecele kadar
[392] istintac (eyle-): sonuç çıkarmak
[393] mütehalif: birbirine uymayan
[394] mutasavver (ol-): tasavvur edilmek
[395] esatir-i evvelîn: eskilerin masalları; mitoloji
[396] müsteb'ad: ihtimal dışı; imkânsız
[397] iddia-gerde: ileri sürülen sav
[398] ahkâm-ı fiziyolojikiye ve pisikolojikiye: ruhsal ve bedensel durumlar
[399] tecviz (etmek): cevaz vermek; onaylamak

fikirleri daim iştibahtadır[400]. Kendi hikmetleri kendilerinde itminan-ı kalbi[401] mucib olamıyor. Bir yere bel bağlayamıyorlar. Onun için nazarlarında ruhun da hayatın da ehemmiyeti kalmayıp her cihetle meyus ve makhur[402] olmaktan ise bari geberip gidelim diyorlar.

Evet! Bize söyledikleri şu son söz dahi muvafakat-ı fenniyesiyle beraber mutbikün-lehine[403] tatbik hususundaki hud'akârlığı[404] bildikleri için vicdanlarına mugayir olarak söyleniyor. Onlardaki hikmet vicdanlarına muvafık olsa idi cümlesi o nokta üzerinde içtima ederek bir cemaat olurlardı. Avrupaca miktarları o kadar çoğaldığı hâlde henüz Liverpol'daki doksan beş mühtedi İngilizler kadar olsun bir cemaat teşkil edebildikleri yoktur.

*

Maddiyunun bize şu son hücumlarına karşı iki suretle müdafaa edeceğiz. Birisi psikoloji ve fizyolojinin yekdiğerine tatbikiyle, diğeri dahi yalnız fizyoloji ile. Bakılsa evvela yalnız fizyoloji ile müdafaa ederek badehu psikolojiyi de bahse katmak lazım gelir gibi görülürse de öyle değildir.

Mücadelemizin bu cihetinde psikoloji bir nevi istitrad[405] suretinde olup asıl bahsimiz ise fizyolojiye ait olduğundan o istitradı bade'l-icra[406] saded-i asliye[407] rücu etmeliyiz.

Feylesof-ı maddi ne diyordu? Cismaniyet-i maddiyemizin tebeddül ve tahavvül-i daimisi ruhumuzdan müstakil ve ondan başka bir şey olsa idi insanın her çağında bir başka türlü ahkâm-ı fizyolojikiye ve psikolojikiye göstermeyip hep bir hâlde bulunması lazım gelirdi.

Bahsin fizyolojiye ait olan kısmını sonraya bırakır isek psikolojiye ait olan kısmı için bila-tereddüd ve la-ihtiraz[408] deriz ki: Evet! İnsan her çağına göre bir başka türlü ahkâm-ı psikolojikiye göstermeyip ruh hep bir hâlde bulunuyor. İşte izah edelim:

---

[400] iştibah: şüphe
[401] itminan-ı kalp: gönül rahatlığı
[402] makhur: kahrolmuş
[403] mutbikün-leh: uygulanan şey
[404] hud'a: hile

[405] istitrad: ara söz
[406] bade'l-icra: yerine getirdikten sonra
[407] saded-i asliye: asıl konu
[408] bila-tereddüd ve la-ihtiraz: tereddütsüz ve sakınmaksızın

Kıdem ve beka ve tabir-i diğerle ezeliyet ve ebediyet maddiyunun dedikleri gibi maddede olmaktan ziyade ruhta olmak bizim için de herkes için de akla en mülayim gelendir. Zira Hakk sübhanehu ve teala bizim için ruhu analiz edebilmek kabil olabilecek bir surette yaratmayıp "O benim emrime ait bir şeydir." buyurmuştur. Ama maddeyi cümle[409] için analiz etmek kabil olacak bir suret-i zahire-i mevcudiyetle[410] yaratmıştır. Maddeyi ruha zarf etmiştir. Ölüm dedikleri hall-i garib[411] ile ruhu cesedden ayırdığı zaman işte ruhsuz madde ortada kalıyor. Bizce bir emr-i Rabbani olan ruhta kıdem ve beka bulundukça onun bu dünya üzerindeki müsafereti müddeti neden ibaret kalır ki, o müddet zarfında ruh sabi olsun, babayiğit olsun, kartlaşsın, ihtiyarlansın? Bir kaç bin sene ömrü olan bir şahsın o ömründen yalnız bir saniyelik kadar bir zaman zarfında çocuk, babayiğit, ihtiyar olması gibi tahavvülât zihne sığabilir mi? Kıdem ve beka denilen şey öyle bir kaç bin seneye de teşbih olunamaz ki, bu âlemden müddet-i güzarımızı[412] bir saniyeye kadar teşbih edelim. Kâinata nisbetle küre-i arzı bir zerreye teşbih ederler. Kâinat ölçülmüş de arzın nisbeti zerre kadar olduğu görülerek mi bu söz söylenmiş? O bir teşbihtir. Bizim de bir kaç bin senelik ömre nisbetle bir saniye deyişimiz bir teşbihtir.

Bu mesele üzerinde feylesof-ı maddi çeşm-i dikkatini[413] pek kuvvetli açmalıdır. Bu söz her zaman herkesten işittiği sözlerden değildir. Bu sözü Avrupa hükamasından değil bir müntesip-i hikmet-i Kur'aniye'den[414] işitiyor. Binaenaleyh: "Beka-yı ruh sence maznun ve mütevehhim[415] bir şeydir. Bence müselllem[416] değildir ki bu cevabını kabul edeyim." diye bürümeden[417] redd-i davaya istical[418] göstermemelidir. Ben sözümü onun indinde müsellem olan fenne dahi tatbik edeceğim!

[409] cümle: herkes
[410] suret-i zahire-i mevcudiyet: varlığı görünecek biçim
[411] hall-i garib: garip çözülme, başkalaşma
[412] müddet-i güzar: geçen süre
[413] çeşm-i dikkat: dikkatli göz
[414] müntesip-i hikmet-i Kur'aniye: Kur'an'ın hikmetli bilgisine mensup kimse
[415] maznun ve mütevehhim: zan ve evham; geçersiz bilgi
[416] müsellem: doğrulanmış
[417] bürümeden: düşünmeksizin
[418] istical (göster-): acele etmek

"Hiye min emri Rabbi"* olan ruhun melekât-i fizyolojikiyeden[419] en ziyade mücerred ve binaenaleyh en safi tecelliyâtını görmek için hâl-i sabavete[420] ve hâl-i pirîye[421] bakılmalıdır. Ama nazar-ı hikmetle bakılmalıdır! Gehvare-i masumiyetinde[422] mışıl mışıl uyur iken uyanarak validesinin yüzüne bir tavr-ı kerrubiyane[423] ile gülen masum-ı safideki hâle bakılmalıdır. Fakat bu nazar-ı dikkat atfedildiği zaman pedagoji yani ilm-i terbiyetü'l-etfalin insanı irşad eylediği hikmet dahi göz önünde olmalıdır. Yani düşünmelidir ki çocukta maddi manevi bir rahatsızlık, bir ihtiyaç, bir mazlumiyet olmaz ise çocuk ağlamayacak titizlik göstermeyecektir. Kezalik kuşe-i varestegî-i tufuliyet-i saniyede[424] bulunan pir-i hikmet-i zamire[425] de bakılmalıdır. Ona da o nazar-ı hikmetle bakılmalıdır ki evladının hâl-i acz-i tufuliyet ve sabavetinde[426] şefkat-i pederanesini onlara hâmi ve hizmetkâr ederek büyütmüş olan o peder-i kâmil şimdi kendisi hâl-i acz-i tufuliyet-i saniyeye geldiği zaman dahi evlad-ı zî-iktidarının[427] şefkat-i hâmiyane ve hadimanesine[428] tamamıyla nailiyet hakkına maliktir. Kendisi gûnagûn kayıtsızlıklar, şefkatsizlikler ile rencide[429] edilmeyecek. Eldeki safiyet-i melekaneye renciş-i gûnagûn[430] ile halel[431] getirilmeyecek.

Bu iki safiyet arasında bir zaman olmuştur ki o ruh-ı safi sahibi gâh esir-i tehevvür[432] gâh mağlub-ı gazap olarak ruhun safiyet-i melekanesiyle tevfik[433] kabul edemeyecek nice hâllerde bulunmuştur. Lakin bu ahval-i müstağribenin[434] esbab-ı mucibe-i fenniyesi[435]

* Hiye min emri Rabbi: "Onun bilgisi Rabbimin emrindedir, ona aittir." anlamında, İsra suresinin 85. ayetin bir kısmının meali. [Ed.]
[419] melekât-i fizyolojikiye: fizyolojik melekeler; kabiliyetler
[420] hâl-i sabâvet: çocukluk çağı
[421] hâl-i pirî: yaşlılık hali
[422] gehvâre-i masumiyet: bebeklik beşiği
[423] tavr-ı kerrubiyane: melek tavrı
[424] kuşe-i varestegî-i tufuliyet-i saniye: ikinci bebeklik döneminin rahatlık köşesi
[425] pir-i hikmet-i zamire: bilge ihtiyar
[426] hâl-i acz-i tufuliyet ve sabavet: bebeklik ve çocukluk çağının zayıflığı
[427] evlad-ı zî-iktidar: güçlü çocuklar
[428] şefkat-i hâmiyane ve hadimane: himaye ve hizmet edici bir şefkat
[429] rencide (et-): incitmek
[430] renciş-i gûnagûn: türlü türlü eziyetler
[431] halel (getir-): zarar vermek
[432] esir-i tehevvür: öfkesinin tutsağı
[433] tevfik: uyum
[434] ahval-i müstağribe: garip durumlar
[435] esbab-ı mucibe-i fenniye: ilmi ge-

nedir? Bunu mu-şikâfane[436] bir dikkatle tetebbu ve tayin etmeyecek olursak karanlığa kubur sıkmak kabilinden olarak boş yere münazara ve mücahede etmiş oluruz.

Nisvandan[437] birisinin uzv-ı nev'isini[438] hâl-i tufuliyetinde tetebbu eyleyen antrapolog o uzuvda bilahere zükûr[439] ile münasebet-i malumeye delalet edecek hiçbir hâl bulamıyor. Erkeğin memesinde çocuk emzirmeğe delalet eyleyecek hiçbir hâl bulunmadığı gibi! Sonra o sabiyeyi mertebe-i kemal-i nisvaniyesini bulduğu zaman tetebbu ediyor, bakıyor ki tevlid[440] için lazım gelen istidatların kâffesi orada hemen evvel yok iken yeniden peyda olmuş! Bu tetebbu erkekte dahi böyle bir netice intaç eyliyor. Şu bahsi tafsilat-ı lazıme-i fenniyesiyle izah ve tafsil etmeye mahcubiyet mani olur. Hem o kadar tafsile hacet de yoktur. Keyfiyet erbab-ı fenne malum olduğundan karilerimizi veyahut şu meselede muarızımız olan maddiyunu aldatacak değiliz ya! İmdi uzv-ı mezkûrun teşekkülât-ı ibtidaiyesi[441] kendi sahibinde ihsas-ı şehveti[442] ika etmekte[443] bulunduğu ve ruh bu uzvun meleke-i fizyolojikiyesinden mütehassıl[444] ihtisastan azade olduğu hâlde hiç de esir-i şehvet olmuyorken sonra tekemmülât-ı nev'iyenin[445] husulüyle bi'l-farz esir-i şehvet oluyorsa bu hâl ruhta bir tebeddülü mü gösterir? Yoksa uzuvda bir tebeddülü mü? Bir saniye bile tereddüde hacet kalmaksızın teslim olunur ki tebeddül "tebeddül-i psikolojikiye" değil "tebeddül-i fizyolojikiye"dir.

Hep tebeddülât-ı fizyolojikiyeden[446] olmak, hep esası işte o mevcudiyet-i maddiye ve cismaniyemizin la-yenkati tebeddül ve tahavvül etmesi meselesi üzerine mübteni[447] bulunmak üzere mürur-ı zaman ile asaba salabet-i dimağa[448] ve yine dimağ-ı tavil[449] demek

---

rekçeler
[436] mu-şikâfane: kılı kırk yararcasına; ayrıntılı olarak
[437] nisvan: kadınlar
[438] uzv-ı nev'i: cinsel organ
[439] zükûr: erkeklik
[440] tevlid: doğurma
[441] teşekkülât-ı ibtidaiye: ilk oluşum
[442] ihsas-ı şehvet: şehvet duyguları
[443] ika' (et-): yapmak; zorlamak

[444] mütehassıl: oluşan
[445] tekemmülât-ı neviye: türlerin tamamlanması
[446] tebeddülât-ı fizyolojikiye: fizyolojik değişiklikler
[447] mübteni: kurulu; dayalı
[448] salabet-i dimağ: beynin dayanıklılığı
[449] dimağ-ı tavil: omurilik

olan murdar iliğe[450] kuvvet ve metanet gelerek hele birçok da avârız[451] ve müşahedat[452] ve emsal[453] ve esbab-ı hariciyeden[454] dolayı insanda tehevvür, hırs filan gibi emraz-ı nefsaniye[455] peyda oluyor. Bunları da ruha ait bir tebeddüldür diye hükmeylemek ruh aleyhinde ne yaman bir iftiradır. Bunlar hep havass-ı zahire ve batineye[456] müvekkil[457]olan uzuvların erbab-ı fen nezdinde işte "meleke"[458] denilen mukteziyât-ı faalânesidir[459] ki bir zaman yani sabâvette yok veyahut pek az iken bir zaman sonra yani kemal çağında var olmuş yahut çoğalmış ve bir zaman sonra yani herem[460] çağında yine azalacak yine yok olacaktır.

Ruh ise bunların en azgınlığı zamanında bile bunlara muarız bulunmuştur. Maddiyun eğerçi kendilerindeki ahval-i ruhaniyeyi hiç tecrübe etmemiş gibi davranırlar ise de ahval-i ruhaniyelerini daima tetebbu ile tezkiye-i nefs[461] mücahedesinde bulunan ruhaniyun hatta hakikiyun[462] hatta tabiiyun[463] bile ruhun bu muarazasına[464] dikkat etmişlerdir ve ediyorlar. Bi-gayri hakkın kimseyi incittikleri ve hatta bir kelbi[465] ağlattıkları zaman ruhunun kendilerini nasıl muahaze eylediğini göz ile görürcesine hisseylemişlerdir ve eyliyorlar. Ve illa her lisanda "nedamet" kelimesi manasız bir kelime hükmünü alır idi. Nedamet nedir? İnsanın ruha karşı mesuliyetinden mütevellit[466] bir mahcubiyet değil mi? Pek çok kere olur ki insanın derununda bir kuvvet yani ruh "Bunu niçin böyle yaptın?" diye insanı yer bitirir. Hatta insan buna cevap vermekten, meram anlatmaktan aciz kalarak "Ey! Yaptımsa yaptım, ne yapayım!" diye tuğyan[467] derecelerine kadar da varır.

İnsandaki emraz-ı nefsaniyenin gerek peydası[468] gerek tezayüdü[469] melekât-ı fizyoljikiyesinin melekât-ı ruhiye aleyhine tuğyanı

450 murdar ilik: omurilik
451 avârız: arızalar; noksanlar
452 müşahedât: gözlemler
453 emsal: misaller; örnekler
454 esbab-ı hariciye: harici sebepler
455 emraz-ı nefsaniye: kişisel hastalıklar.
456 havass-ı zahire ve batine: görünen ve görünmeyen duyular
457 müvekkil (ol-): yerine bakmak
458 meleke: maharet; yetenek
459 mukteza-yı faalâne: işleyen gereçler
460 herem: yaşlılık
461 tezkiye-i nefs: nefsi arındırma
462 hakikiyun: realistler
463 tabiiyun: natüralistler
464 muaraza: çatışma
465 kelb: köpek
466 mütevellit: ortaya çıkma
467 tuğyan: isyan
468 peyda: ortaya çıkma
469 tezayüd: artma

eseri olduğuna ve hatta bunda avârız ve müşahedât ve emsal ve esbab-ı hariciyenin de pek büyük hükmü bulunduğuna bir burhan-ı maddi dahi tenha yerlerde yaşayan adamlarla merakiz-i medinede[470] yaşayan adamlar arasındaki safvet ve şeytanât farkıdır.

Bir köylüde gördüğümüz safvet-i kalbi[471] neye haml[472] edeceğiz? O safvet-i kalb ki, âdeta masumiyet-i tıflaneye[473] karib bir şeydir! Bunu melekât-ı ruhiyesince bir noksana hamledebilir miyiz? Çünkü esbabı zahir ve bahirdir[474]. O biçarenin tena'um ve taayyüşü[475] uzuvlarındaki melekât-ı fizyolojikiyeyi azgınlık derecesine vardıracak mertebede değildir.

Ne yer ne içer ki? Ne kadar telebbüs[476] eder ne veçhile ittihaz-i sükna[477] eyleyebilir ki?

Ekonomiyi ayrı antropolojiyi ayrı etnografyayı da ayrı olarak tahsil ve tetebbu eyledikten sonra bir kere bunları yekdiğeriyle tatbik edelim de ondan bir hikmet çıkaralım. Bazı milletleri bazılarından daha halim daha safi görüyoruz. Bir milletin bile bazı aksamını[478] bazı aksamından daha mutedil, daha selim buluyoruz. Bu meseleyi bir kere etnografyaya tatbik ederek mesela "Hintliler halim olurlar, Avrupalılar gibi gazub[479] değildirler!" deyivermeyelim yahut "Şu adam lenfai[480] olduğundan halim ve şu ise demevi[481] bulunduğundan gazub." hükmünü ita[482] edivermeyelim. Bir kere de bunların ahval-i ekonomikiyelerini yani nasıl yaşadıklarını düşünelim. Kış mevsimlerinde mükemmel şömineler, sobalar, kaloriferlerle teshin[483] olunan yerlerde oturup fanilalara sarılarak, paltolara kürklere gömülerek kışın yazdan farkını bırakmamış olan ahali soğuğun da sıcağın da tesiratına göğüs vermeye mahkum olanlara benzer mi? Her nevbet-i taamında balık, kuş, koyun sığır etleriyle sebze ve ha-

---

[470] merakiz-i medine: şehir merkezleri
[471] safvet-i kalp: kalp temizliği
[472] haml (et-): yorumlamak
[473] masumiyet-i tıflane: çocuk saflığı
[474] zahir ve bahir: açık ve seçik
[475] tena'um ve taayyüş: yeyip içme; yaşama
[476] telebbüs (et-): örtünmek

[477] ittihaz-i sükna (et-): barınmak
[478] aksam: kısımlar
[479] gazub: öfkeli; sert
[480] lenfai: sakin; ağırkanlı
[481] demevi: asabi; sinirli.
[482] ita(et-): vermek
[483] teshin (ol-): ısıtılmak

murları bir kaide-i tıbbiye ve hıfzı-ı sıhhiye ile kanun altına alınmış olan ve o et'imeyi[484] ince şaraplarla, nefis biralarla tartib[485] eyleyen halk, suda kaynamış pirinç, suda haşlanmış asîde[486] veya mamalığa[487] ile ve çeşme ve dere suyu ile taayyüş eden[488] halka nisbet mi kabul eder? Artık meşrubat-ı küûliyenin[489] tab'-ı beşerde mucip olacağı tagayyürâtı hesaba koymayalım. Fakat o mütenaim[490] halkın mecamiinde[491] enva-ı şeytanat meydan aldığı halde bu ehl-i riyazet[492] halkın mecamiinde o yoldaki su-i emsal[493] dahi bulunmadığını hesaptan hariç tutamayız. İşte bu tedkik bize gösterir ki "terakkiyat-ı medeniye" ve "mesudiyet-i medeniye" denilen âlemlerdeki halk, tenhalık yerlerdeki adamlar gibi safi olamazlar.

Bunu düşünelim de müteakiben tahattur[494] edelim ki o tena'umat-ı medeniye[495] içinde bulunan halkın ruhu bu külfetlerden mahzuz[496] da olamaz. Bir istiğraktır[497] gider ama aralıkta bir ruhun kendi ihtisasâtına[498] müracaat edilmedikçe ruh bu külfetlerden sıkıldığını hiç saklamaz. Bunları bir işkence olarak çektiğini dermeyan ederek[499] şöyle sahralık, tenhalık bir yere atılmayı pek ister. Şairler ki, ihtisasât-ı ruhiyelerine elbette bankacılardan daha ziyade tâbidirler, daima çemenzarı, çağlayanları, kuşları, çiçekleri tahayyül ederek olanca fesahat ve belagatıyla bunları teganni ederler[500]. Feylesof ki elbette siyasiyundan ziyade ihtisasât-ı ruhiyesine mutidir, o da sükût ve sükûn yerlerini kemal-i tahassür ile ister.

İşte maddeten sabit oldu ki ruh hep bir hâldedir. Tebeddül ise melekât-ı fizyolojikiyedir. Bu da mevcudiyet-i maddiye ve cismaniyenin tahavvül-i daimesi eseridir. Bir ehl-i şehvetin can attığı bir mahbube-i dilaraya bir sabi, bir pir hiç de o nazarla bakamaz.

[484] et'ime: yemekler
[485] tartib (eyle-): ıslatmak
[486] asîde: bulamaç
[487] mamalığa: lapa
[488] taayyüş (et-): yaşamak
[489] meşrubat-ı küûliye: alkollü içki
[490] mütenaim: nimetler içinde yaşayan
[491] mecami: toplanma yerleri
[492] ehl-i riyazet: az yiyen
[493] su-i emsal: kötü örnekler
[494] tahattur (et-): hatırlamak
[495] tena'umat-ı medeniye: medeniyetin nimetleri
[496] mahzuz: memnun; hoşnut
[497] istiğrak: dalma; meşgul olma
[498] ihtisasât: duygular; sezgiler
[499] dermeyan (et-): ortaya sürmek; söylemek
[500] teganni (et-): seslendirmek

*

Şuracıkta a'damız[501] bulunan maddiyun ile bir kaç dakikalık bir mütareke akdedelim de ehibbamız[502], ihvanımız[503] bulunan ehl-i iman ile iki çift söz edelim:

Ey ihvan-ı din! Maddiyun ile olan şu münazara ve mücadele size lisan-ı şeriatimizin ıstılahat-ı mutasavvıfamızın "nefs" ve "ruh" tabir eyledikleri kuvvetler hakkında bir hayli izahat ve tefsirat-i fenniye[504] verdi. Değil mi? Erbab-ı dinden pek çokları vardır ki esasen mümin ve mutekit oldukları halde bu misilli tabiratın mahiyetlerinde olan ehemmiyet-i azimeyi takdir edemeyerek gafil bulunurlar. Hele tahsilleri nakıs olanlar ki onlar mukaddemâttan[505] ibaret olarak istihsal eyledikleri bazı malumat-ı sathiye üzerine derakap feylesof kesilerek bu gibi şeyleri hemen hemen efsane ve efsun olarak telakki ederler.

Bilmeliyiz ki, me'huz min levhi'l-mahfuz[506] olan Kur'an-ı Azimüşşan bir hazine-i hikmet-i mahzadır[507]. İnanmalıyız ki ondan iktibas-ı envar-ı hikmet[508] ederek bunca müellefât-ı cihan-bahalarla[509] kütüphane-i milliyemizi zengin eden ulema ve meşayih[510] "rahmetullahi aleyhim ecmain"[511] efendilerimiz hazeratı öyle sa'y-i abesle[512] iştigal etmiş mütevehhimîn-i maddiyuna[513] benzemezler. Bizi irşad için pişgâh-ı enzar-ı hikmet ve intibahımıza[514] koydukları hakayık zamanımızca Avrupa'da müterakki[515] görülen uluma asla muhalif değildirler. Fakat ulum-ı mezkûre taalllüm[516] edilir iken yal-

---

[501] a'da: düşman
[502] ehibba: dost
[503] ihvan: kardeş
[504] tefsirat-i fenniye: ilmi yorumlar
[505] mukaddemât: başlangıç seviyesindeki bilgi
[506] me'huz min levhi'l-mahfuz: Allah tarafından takdir edilen şeylerin yazılı bulunduğu manevi levhadan alınma
[507] hazine-i hikmet-i mahza: tam bir hikmet hazinesi
[508] iktibas-ı envar-ı hikmet (et-): hikmetin nurlarından almak

[509] müellefât-ı cihan-bahalar: çok kıymetli kitaplar
[510] ulema ve meşayih: âlimler ve tasavvuf büyükleri
[511] rahmetullahi aleyhim ecmain: Allah'ın rahmeti hepsinin üzerine olsun
[512] sa'y-i abes: boş iş
[513] mütevehhimîn-i maddiyun: kuşkucu materyalistler
[514] pişgâh-ı enzar-ı hikmet ve intibah: uyanık ve bilge bakışlarımızın önü
[515] müterakki: ileri
[516] taalllüm (et-): öğrenmek

nız sahifelerin üzerindeki sözler nazarlarımızı tağlit[517] etmemelidirler. Onların zımnlarındaki[518] hükümler zihinlerimizi tenvir etmelidirler.

İşte sabit oldu ki, nefis dediğimiz şey hükema-yı cedidenin[519] "melekât-i fizyolojikiye" dedikleri şeydir. Yani her uzvun mukteza-yı tabiisinden[520] mütevellid hüküm ki, ruh ondan âli, ondan safi bir meleke-i melekiye[521] ile bizi insanlık şerefine davet eder. Nefsin ilcaatı[522] ruhtan müstakil bir şey olduğunu bedaheten[523] görmek için tecelliyat-ı nefsiyenin en bahiri[524] olan şehveti misal ittihaz edelim. Sabi iken bizde bu bela yok idi. Pir iken yine yok oluyor. Civan iken bunun ilcasını[525] ruha isnat ve iftira etmek nasıl kabil olur ki o melekeye müvekkil[526] olan hassiyetini[527] çıkardıkları gibi onun ilcası da işte mahvolup gidiyor. Ruh yine melekât-ı melekiye baki kalıyor.

Emraz-ı nefsaniyenin kâffesi[528] de böyledir.

Sirac-ı vehhacımız[529] olan Kur'an-ı Azimüşşandan iktibas-ı hikmetle mürebbi-i enam[530] olan ulema ve meşayıh-ı kiram efendilerimiz hazeratı niam-i ilahiyeden[531] tena'um[532] hususundaki muhtariyetimizle[533] beraber israfı nehy[534], kanaati emir buyurmuşlar. Her faziletin meratibi[535] olduğu gibi fazilet-i kanaatin da meratibi vardır. Hele evvel-be-evvel kanaat denilen, şey meskenetle[536] müteradif[537] değildir. Ele geçmeyecek olan bir nimetten meyus olup da "Ben o nimetsiz de kanaat ederim." demek meskenettir. Fazilet-i kanaatin meratib-i âliyesinde perhiz ve riyazeti buluruz. İşte nimet elde, ama o perhizkâr yine riyazet eyliyor. Ulûmdan müktesebât-ı sathiye[538] erbabı bunu hayvan gibi açlığa hamlederler. İlm-i hıfzu's-sıhhayı

---

[517] tağlit (et-):yanıltmak
[518] zımn: iç
[519] hükema-yı cedide: yeni filozoflar
[520] mukteza-yı tabii: doğal gerekler
[521] meleke-i melekiye: meleklere özgü yeti
[522] ilcaat: zorlamalar
[523] bedâheten: hemen; açıklıkla
[524] bahir: açık seçik
[525] ilca: zorlama
[526] müvekkil (ol-): vekâlet etmek
[527] hassiyet: özellik

[528] kâffe: bütün; hep
[529] sirac-ı vehhac: parlak ışık
[530] mürebbi-i enam: insanlığın eğitmeni
[531] niam-ı ilahi: ilahi nimetler;
[532] tena'um: nimetlenme
[533] muhtariyet: özgürlük
[534] nehy: yasaklama
[535] meratib: mertebeler; dereceler
[536] meskenet: miskinlik; tembellik
[537] müteradif: eş anlamlı
[538] müktesebât-ı sathiye: yüzeysel bilgi

da burhan[539] olarak irad eyleyip mesela et yemeyen vücudun helak olacağına hüküm veriyorlar. Ne safderunane cehalet! Afrika'da, Hindistan'da yüz binlerce, milyonlarca nüfusu müştemil milel ü kabail[540] var ki, Avrupalıların bir haftada yedikleri eti bir yılda, belki on yılda yemiyorlar. Neden yüz yaşına, yüz yirmi yaşına kadar yaşayabiliyorlar?

Ehl-i riyazet melekât-ı fizyolojikiyeyi artırıp nefsi azdırmamak için perhiz ederler. Onlar için ihtiyari olan bu riyazet umum için kısmen ıztırari[541] hükmüne konularak oruç farz edilmiştir. Ne kadar muvafık-ı fen, ne kadar mutabık-ı hikmettir! Hiç olmazsa günde yedi sekiz saat açlığın mahkumu, mağlubu olarak nazar-ı hikmeti açar, fikr-i hikmeti tenvir eyleriz. O mağlubiyet haddizatında nefsin mağlubiyeti olduğunu düşünerek bir mücahede-i nefsiyede bulunuruz.

Enva-ı ibadet ve zikr ü fikr dahi böyledir. Bunları abes zanneden gençlerin asıl bu zanları abestir. Huzur-ı manevi-yi Rabbi'l-âlemînde müsul[542] ile icabına göre yüzümüzü yerlere sürerek gösterdiğimiz zillet ve iftikâr[543] işte tamam nefs-i tağiye ve bağiyemiz[544] için rağm[545] hükmünü alacak bir terbiyedir.

Avrupa felasife-i maddiyyunu insanda bir ruh olmadığı iddiasında imişler. Ruhlarının kâffe-i ilcaatını[546] mahvetmiş oldukları hâlde filvaki kendilerinde bir ruh bulunduğundan haberdar olmamaları istib'ad[547] edilmemelidir. Evvelce dediğimiz veçhile o kadar tena'um, o derecelerde ifrat-ı tena'um hâlinde bulunan bir adam için fezail-i ruhiyeden[548] bi'l-külliye[549] tecerrrütle[550] hemen bir nefs-i mutlaka ve mahza[551] hâlini almak zaruri değil midir? Herif giyinir kuşanır, yer içer ve bahusus içer!.. Bu suretle kuvvetleri, şiddetleri artacak olan emraz-ı nefsaniyenin her birisine icra-yı hüküm edecek olan fuhuş,

---

[539] burhan: delil
[540] milel ü kabail: milletler ve kabileler
[541] ıztırari: zorunlu
[542] müsul: saygıyla ayakta durma
[543] iftikâr: tevazu; alçakgönüllülük
[544] nefs-i tağiye ve bağiye: azgın ve haddini aşan benlik
[545] rağm: aşağılama

[546] kâffe-i ilcaat: zorlamaların hepsi
[547] istib'âd (et-): yadırgamak
[548] fezail-i ruhiye: ruha dair erdemler
[549] bi'l-külliye: tamamen; büsbütün
[550] tecerrüt: soyutlanma
[551] nefs-i mutlaka ve mahza: mutlak ve tek benlik

kin, garez, şekâvet[552], şeytanet meydanlarını açık bulur ve bir gün, bir an kendisini huzur-ı Rabbü'l-âlemînde farz ederek ruy-i tazarru ve ubudiyeti[553] secdegâh-ı tezellül ve meskenete[554] koymak şöyle dursun kemal-i istikbar[555] ile vücud-ı vacibi[556] bile inkâra kadar varır ise o adamın hâli ne olur? Artık bu behimiyet-i hakikiye[557] "İşte bende ruh dahi yoktur!" diye ilan-ı cinnet eylerse istib'ad[558] mı kılınır?

Böyle azgıncasına almış olduğu bir terbiye muktezasınca[559] ana baba şefkatini, evlat karındaş muhabbetini, vatan sevdasını kavanîn-i ilahiye ve medeniyeye[560] inkiyad[561] gayretini insaniyet-i melekâne lezzetini kaybetmiş olan bu zavallı dall[562] bir de mudill[563] kesilerek, bize vaaz ve nasihat vermeğe dahi kalkışır ise güler misiniz?

Gülmeyiniz ey ihvan-ı din[564] acıyınız! Ekseriya bir beliyyeye[565] duçar olan adam o beliyyeden kurtulması ihtimalinden ziyade başkalarının da ona duçar olması ile müteselli olur. "El-beliyye izâ ammet tâbet"* demişler. Bir kambura sormuşlar ki kendisi düzelirse mi memnun olur yoksa bütün dünya kambur olursa mı? İkinci sureti tercih eylemiş!

İşte o felasife-i lâ-yuflihûn[566] böyle kâffe-i maneviyat-ı fezail-i beşeriyeyi[567] kaybederek, Allah'ı inkâr eyleyerek kendi ruhlarını inkâr eyleyerek, kendilerini mertebe-i behimiyete[568] indirmekle dahi kalmayıp nihayet enva-i hayvanattan[569] hiç birisinde tab'an

---

[552] şekâvet: kötülük yapma
[553] ruy-i tazarru ve ubudiyet: kulluk ve yakarış yüzü
[554] secdegâh-ı tezellül ve meskenet: miskinlik ve alçalma ile secdeye kapanma
[555] kemal-i istikbar: aşırı büyüklenme
[556] vücud-ı vacib: yaratıcının varlığı
[557] behimiyet-i hakikiye: gerçek hayvanlık
[558] istib'ad (kıl-): yadırgamak
[559] mukteza: gerek
[560] kavanîn-i ilahiye ve medeniye: ilahi ve medeni kanunlar
[561] inkiyad: boyun eğme; uyma

[562] dall: sapıtmış, doğru yoldan ayrılmış
[563] mudill: saptıran
[564] ihvan-ı din: din kardeşleri
[565] beliyye: bela; zorluk
* El-beliyye izâ ammet tâbet: "Belalar herkese isabet edince güzeldir." anlamında Arapça söz. [Haz.]
[566] felasife-i lâ-yuflihûn: kurtuluşa erişemeyen filozoflar
[567] kâffe-i maneviyat-ı fezail-i beşeriye: İnsanlığın bütün manevi erdemleri
[568] mertebe-i behimiyet: hayvanların düzeyi
[569] enva-i hayvanat: hayvan çeşitleri

ve tabiaten görülmeyen ve akreplere bile bühtan[570] olarak isnat edilen intihar beliyyesiyle canlarını cehenneme ısmarlayıp gidiyorlar. Hâzihî mücâzatühüm vehüm lehâ müstehakkûn!*

*

Sadetten[571] çıktık zannolunmasın. Sözümüzü nerede bıraktığımız pekâlâ hatırımızdadır. Maddiyunun bize söylediği bir sözü iki türlü müdafaa edecektik. O söz cismaniyet-i maddiyemizin tebeddül ve tahavvül-i daimisi ruhumuzdan müstakil ve ondan başka bir şey olsaydı insanın her çağında bir başka hâle girmeyip hep bir hâlde bulunması lazım geleceği kaziyesi idi. Buna verdiğimiz ilk cevapta insanda görülen tebeddülatın hep fizyolojikî olup ruhun ise hiç tebeddül etmediğini ve hatta o tahavvülât-ı fizyolojikiyeye muarazada[572] bile bulunduğunu göstermiştik.

Bu cevap bizim galebemiz için kâfidir de fazladır bile. Fakat feylesof-ı maddi bununla da kanaat göstermek istemez. Bu cevabımızın içine bazı mesail-i ruhiye ilave etmiş olduğumuzdan ve bahusus o mesail-i ruhiyeyi burhan olarak irad eylemiş bulunduğumuzdan bize der ki: Ben ruhun adem-i vücudunu[573] iddia edip dururken sen güya ruhun mevcudiyetine kail[574] imişim gibi bana ondan burhan getiriyorsun. Burhanını da kabul edemem müberhenün-lehini[575] de.

Şimdi bahis tasaffi[576] ede ede öyle bir noktaya indi ki bu noktada mevcudiyet-i cismaniyemiz bir yandan vuku-ı ifrazât[577] ve diğer taraftan vuku-u idhalât ve inzimamât[578] ile tebeddül ve tahavvül eylediği hâlde bu tebeddül ve tahavvülden azade ve ondan müstakil bir şeyin yani bir ruhun bir "ben"liğin yine bizde baki kaldığını katiyen ve sarahaten ispat eylemek maddesinden ibarettir. Bu tahavvül ve

---

[570] bühtan: iftira
* Hâzihî mücâzatühüm vehüm lehâ müstehakkûn: "İşte bu onların işlediklerinin karşılığıdır ve onlar da yaptıklarına karşılık olarak bu cezayı hak etmişlerdir." [Ed.]
[571] sadet: konu
[572] muaraza: karşı çıkma

[573] adem-i vücut: varlığının mevcut olmayışı
[574] kail (ol-): inanmak
[575] müberhenün-leh: kanıtlanan şey
[576] tasaffi: özü ortaya çıkma; arınma
[577] vuku-ı ifrazât: (vücuttan) çıkmalar
[578] vuku-ı idhalât ve inzimamât: (vücuda) giren ve eklenen şeyler

tebeddülden azade kalan şey işte ruhumuz olduğunu evvelce ispat eylemiş olduğumuzu da hasım kabul etmiyor. Onu bir eser ile hem de ruhtan başka bir eser ile ispat etmekliğimizi istiyor.

Ah! Ona kalsa bunu hiç istemeyecek. Zira işte bu talebine vuku bulacak mukabele-i maddiyatı büsbütün hükümden düşürüp hakikati meydana koyacak da biçare feylesof tası tarağı toplayıp gidecek. Evvelce dahi haber vermiş olduğumuz asıl can damarı işte budur.

Ama feylesofun istediği şeyi karilerimiz kendi nazarlarında güzelce tayin buyurmalıdırlar ki, aramızda vukua gelecek olan şu son müsademenin[579] şiddet ve dehşetini de güzelce takdir buyurabilsinler. Bizde öyle bir hâl bulunmalı ki, mevcudiyeti vücudumuzun teşekkülü zamanında bed'[580] etmiş olmamalı! Sonradan arız olmuş bulunmalı. Bir kere arız olduktan sonra dahi mevcudiyet-i maddiyemizin tebeddülât ve tahavvülât-ı daimesine tebaiyeten[581] o da zail[582] olmamalı. Yine sabit kalmalı. Bir misal-i maddi[583] olmak üzere mesela çiçekbozuğu veyahut herhangi iltiyam-pezir[584] olmuş bir yara gibi. İşte vücudumuzda bu damga evvel yok idi. Sonradan arız oldu. Bir daha da tahavvülât ve tebeddülât-ı maddiye ve cismaniyemize tebaiyeten zail olmuyor.

Ha! Bir kitapta gözüme ilişmişti ki, istidlalâtını[585] fenne değil aklına zekâsına tatbik eden bir zat aynı bu maddeyi tahavvülât ve tebeddülât-ı maddiye ve cismaniye aleyhinde burhan olarak irad eylemiş idi. Eğer çend mah veyahut çend sene sonra bu günkü vücudumuzdan eser kalmayarak vücudumuzun bütün bütün yenileneceği davası sahih olmak lazım gelseydi vücudumuzdaki bazı yara yerlerinin de zail olarak sonradan peyda olan yeni vücutta onların bulunmaması lazım geleceğini söylemişti. Bu mülahazaya fennen iltifat olunamaz. Zira o gibi yara yerleri ilk yara hâlindeyken hilkat-i ibtidaiyesi[586] muhtell[587] olmuş demek olup iltiyam[588] hâlinde

---

[579] müsademe: vuruşma; tartışma
[580] bed' (et-): başlamak
[581] tebaiyeten: uyarak
[582] zail (ol-): yok olmak
[583] misal-maddi: somut örnek
[584] iltiyam-pezir (ol-): iyileşmek
[585] istidlalât: deliller
[586] hilkat-i ibtidaiye: ilk yaratılış
[587] muhtell (ol-): bozulmak
[588] iltiyam: iyileşme

ise hilkat-i ibtidaiyenin[589] aynı avdet[590] edemez. Parmağı kesilen bir adamın tekrar parmağı sürüp çıkamaz. Çocukken dişi çıkanın yerine bir dişi daha çıktığı görülüyorsa da o adamda haddizatında iki sıra diş var da onun için çıkıyor. Parmağı kesilen adamın o yarası iyi olması kesildiği yerden yeni peyda olan bir ince deri ile büzülmesinden ibarettir. Hilkat-i ibtidaiyesini, istidadını kaybeden o yerde yarayı müteakiben ilk peyda olan deri ince ve büzük bir şey olduğu gibi bazı tahavvülât ve tebeddülât üzerine değişecek olan deriler dahi hep öyle ince ve büzük bir şey olarak değişecektir. Hatta mevcudiyet-i maddiye ve cismaniyemizin la-yenkati teceddüdü öyle tırnağımızı bir yandan kestiğimiz hâlde bir yandan tekrar sürmesi kaidesine de her uzvumuzca tâbi değildir. Yılan derisini ve ıstakoz kabuğunu atarak yerlerine diğerleri peyda olduğu gibi de değildir. Yani derimiz pul pul münferiz[591] olarak yerlerine de zerre zerre yenisi gelmek suretiyle de değildir. Böyle olsaydı bazı Kürtlerin ve Arapların kollarına yüzlerine döğdürdükleri siyah şeylerin de yerleşip kalamayarak zail olmaları lazım gelir idi. Kemiklerimize varıncaya kadar her ciheti kalbur gibi mesammâtlı[592] olan vücudumuzdan ilikler kemikler bile nice tebeddülât ve tahavvülât ile teceddüt ediyorlar. Bunun vechi ve sureti erbab-ı tetebbu ve tedkik tarafından ciltler dolusu tatvilât ve tafsilat[593] ile şerh ve izah kılınmıştır ki, onları tamamen burada irad mümkün olamaz.

Zaten bu tebeddül ve teceddüt meselesi inde'l-umum[594] kabul dahi olunmuş bulunduğundan bu bapta mücadele-i cedide arzın küreviyetini[595] yeniden isbata çalışmak suretinde bi-lüzum ve hatta abestir.

Meram anlaşıldı ya? Misal maddesi olarak ihtar eylediğimiz çiçek bozuntusu veyahut siyah dakkalar[596] gibi an-asıl benliğimizde dahil olmadıkları hâlde sonradan gelip fakat teceddüdat-ı cismaniyeye[597]

---

[589] hilkat-i iptidaiye: ilk yaratılış
[590] avdet (et-): geri gelmek
[591] münferiz (ol-): dökülmek
[592] mesammât: cilt ve derideki gözenekler
[593] tatvilât ve tafsilât: uzun ve ayrıntılı açıklamalar
[594] inde'l-umum: herkesçe
[595] küreviyet: yuvarlaklık
[596] dakka: dövme
[597] teceddüdât-ı cismaniye: bedenin yenilenmesi

tebean zail olmayan şeyleri istiyorlar, ama bunların manevisini istiyorlar ki şu vücud-ı cismani içinde bir de eneiyet-i ruhaniye bulunduğunu ve o şey arizi[598] ve la-yezal[599] işte o eneiyet-i ruhaniyemizle beraber baki kaldığını görerek ruhunda mevcudiyetini teslim ve itirafa mecbur olsunlar.

Vakıa bu teklif hemen ma-la-yutak[600] denilecek kadar ağır bir tekliftir. Fakat Hakk Teala hazretleri feyizlerini arttırsın, tabiiyun ve hakikiyun-ı hükema hazeratı bundan dahi rû-gerdan[601] olmamışlardır. Teklif ne kadar ağır olursa olsun istenilen şey hasıl edilebilecek olduktan sonra artık onda tekellüf[602] kalabilir mi?

İşte şu nokta-i nazikede tabiiyunun, hakikiyunun maddiyuna verdikleri cevab-ı mukniyi[603] biz dahi irad edeceğiz ki bundan sonrası için maddiyuna lam cim kalmayacaktır.

*

Mevcudiyet-i maddiye ve cismaniyemiz daima mütebeddil daima müteceddit! Değil mi? Dimağımız dahi!

Dimağ nedir?

Cümle-i asabiyenin merkez-i içtimaı[604]! Telgraf telleri gibi vücudumuzun her tarafına yapılmış ve bir tarafımıza iğne batırılsa birkaç yerden zedelenecek derecelerde incelip çoğalıp her cihetimizi istila etmiş olan elyaf-ı asabiyenin[605] mercii[606]!

Üşüsek üşüdüğümüzü duyan cildimiz değildir. Cilde müntehi[607] olan elyaf-ı asabiye burudet[608] denilen bu arızayı dimağa nakleylediklerinden asıl üşümeyi hisseden dimağdır. Bir tarafımız yakılsa kezalik o da elyaf-ı asabiye vasıtasıyla dimağa naklolunur. Müdekkikîn-i hükema[609] bu intikalin vücudunda şüphesiz oldukları gibi intikalin süratini bile ölçmüşlerdir. Mevcudiyetindeki şüphesizlik bedihidir[610].

[598] arizi: geçici
[599] la-yezal: kalıcı
[600] ma-la-yutak: kabul edilemez
[601] rû-gerdan (ol-): yüz çevirmek
[602] tekellüf: külfet; zorluk
[603] cevab-ı mukni: ikna edici cevap
[604] merkez-i içtima: toplanma merkezi
[605] elyaf-ı asabiye: sinir lifleri
[606] mercii: birleşme yeri
[607] müntehi (ol-): uzanmak
[608] bürudet: soğukluk
[609] müdekkikîn-i hükema: filozofların en ince eleyip sık dokuyanları
[610] bedihi: aşikâr; belli ve açık

Zira bir lif nâkil-i asabiyi kesecek olsak da o lifin hizmet-i nakliyesinde bulunduğu uzvu yakacak olsak ağrısı acısı hissedilmez. Ama intikalin sürati bir saniyeye nisbetle şu kadar metredir diye verilen haber bizce kabil-i tatbik[611] olamadığı cihetle o kadar katiyen sahih görülemez. Şu kadar ki, mademki intikal vardır, zaman dahi vardır deriz. Zira ezmansız[612] intikal fennen batıldır.

Dimağ cümle-i asabiyenin merkez-i içtimaı olduğu halde ve havass-ı hamse-i zahirenin[613] kâffe-i tahassüsâtı[614] oraya intikal eylediği hâlde mertebe-i tahakkukta görülür ki dimağ merkez-i tahassüsattır. Buna ne maddiyunun ne tabiiyunun hiç bir kimsenin iştibahı[615], itirazı yoktur. Fününun bu yoldaki ahkâmı ol ahkâm-ı umumiyedendir ki bir sınıf hükemanın diğerine hüccet[616] olarak isbatı için uydurulmuş olmayıp hakayık-ı ahval bunlardan ibaret olmak üzere keşfolunmuştur.

Şimdi şu noktadan bed'[617] ve kemal-i ehemmiyetle dikkat etmeğe başlayacağız ki:

Havassın[618] dimağa bazı intikalatı dimağda sabit kalamayıp çarçabuk zail oluyor. Vücudumuzun bir tarafında husule gelen veca'ın[619] zevali gibi. Müntekalât-ı hissiyenin[620] birtakımı ise az çok dimağda yer tutuyor. O zaman müfekkiremiz onu tefekkür ve aklımız onu teakkul eyliyor. Vahimemiz[621] onun üzerine vehimler bile bina eyliyor. Bu hâle bakarak hükema akıl, fikir, vehim filan denilen şeyleri hep dimağa yerleştiriyorlar. Yerlerini bile tayin ediyorlar. Dimağ ukde[622] ukde katmer katmer bir şey olup her ukdenin her hücrenin hangi melekeye mahal olduğunu bile gösteriyorlar.

Buralarda dahi ihtilaf yok. Cüzi mugayerât[623] varsa da onlar

---

[611] kabil-i tatbik: uygulanabilir
[612] ezman: zamanlar, süreler
[613] havass-ı hamse-i zahire: beş duyu organı
[614] kâffe-i tahassüsât: algılamalarının tamamı
[615] iştibah: şüphe
[616] hüccet: delil

[617] bed' (ile): başlayarak
[618] havass: duyular
[619] veca': acı
[620] müntekalât-ı hissiye: duyguların geçişimi, nakli
[621] vahime: kuruntu; sanı
[622] ukde: düğüm; bağ.
[623] mugayerât: farklılıklar

dahi akvâl-i zaife[624] ve akvâl-i kaviye[625] derecesinde bir tefavütten[626] ibarettirler. Gayeti şu hücreye filan hakîm vahimeyi yerleştirmiş ise filanca hakîm oraya müfekkireyi yerleştirmiş. Hükema-yı saireden de bazıları birinin, diğer bazıları diğerinin kavlini ya kavi görüp kabul etmişler ya zayıf görüp reddeylemişler. Ama kâffe-i tahassüsât ve tefehhümât ve tevehhümât ve sairevât-ı insaniyeye merkez-i içtima beyin olduğunda kimsenin inkârı yoktur.

İmdi insanın mevcudiyet-i maddiye ve cismaniyesinden maada bir de ruhu yani enaniyet-i ruhiyesi bulunduğuna kani olan hükema o ruhu vücudun hangi mahalline koymak, hangi uzvu o sultan-ı iklim-i vücuda[627] tahtgâh etmek lazım geleceğini öteden beri düşüne düşüne gâh kana gâh kalbe vaz'ını[628] tahattur eyledikten sonra nihayet bunların kâffesi dimağın hizmetkârları olduklarını görerek ve mecma-ı tahassüsât ve merci-i melekât[629] hep dimağ olduğunu anlayarak orayı sultan-ı ruha karargâh-ı âli olmak üzere tayin eylemişlerdir.

İşte kıyametler dahi bunun üzerine kopmuşlardır.

Maddiyun-ı hükema ruhu kabul edemeyerek onu iklim-i vücuddan tard[630] eylemek cüretini dimağ sayesinde buldukları, yani bizim ruha atfeylediğimiz havassı onlar dimağa atfetdikleri ve bu suretle ruhun dahi bir maddiyattan ibaret bulunduğunu ve o maddenin çürüyüp fena bularak binaenaleyh ruhla kıdem ve beka tasavvur olunamayacağını hülya eyledikleri hâlde tabiiyunun, hakikuyunun, ruhiyunun, filaniyunun o bir yığın ilik torbasını cana karargâh ittihaz etmelerine rıza gösterebilirler mi?

Alınız size boğaz boğaza bir cenk! Maddiyun "Canım bir vehmi, bir hayali, bir yoku gösterip bizim varımız, hakikat-i maddiyemiz makamına ne hakla ikame ediyorsunuz?" diye bar bar bağırıyorlar. Tabiiyun ise "Sizin varınız bir mevcud-ı maddidir. Biz onu inkâr etmiyoruz. Bizim varımız ise bir mevcud-ı ruhanidir. Siz de onu

[624] akvâl-ı zaife: zayıf görüşler
[625] akvâl-i kaviye: kuvvetli görüşler
[626] tefavüt: farklılık
[627] sultan-ı iklim-i vücud: vücut ikliminin sultanı
[628] vaz': koyma
[629] merci-i melekât: melekelerin, yetilerin kaynağı
[630] tard (et-): kovmak

inkâr edemezsiniz. Onun karargâhı burasıdır. Her uzvun mecma-ı melekâtı dimağ olduğu gibi dimağın mercii dahi ruhtur diyorlar.

Bu hâlde iki fırkanın arasını bulmak için işte evvelce dahi dediğimiz veçhile maddiyetten mücerret ve hâdis[631] ve la-yezal[632] olarak asıl ruha atfı lazım gelen bir şey bulup isbat-ı müddeaya tabiiyunu davet etmişler. Onlar demiş ki,

– Mevcudiyet-i maddiye ve cismaniyemiz daima mütebeddil, daima müteceddid! Değil mi?

Bittabi cevap vermişler ki:

– Evet!

– Dimağımız dahi!

– Evet! Dimağımız dahi!

– Parmağımızdaki tırnak bundan bir zaman evvelki tırnak olmadığı, damarlarımızdaki kan bundan bir zaman evvelki kan bulunmadığı gibi kafatasımızın içindeki dimağ dahi bundan bir zaman evvelki dimağ olmadığını kabul edersiniz ya!?

– Evet! Evet! Tekmil vücudumuz dahi bir zaman zarfında müteceddid olduğundan bu vücut bila-şüphe bir zaman evvelki vücut değildir.

– Hâlbuki bizim ruhumuz hiçbir vakit müteceddid olmayan kıdem ve beka sahibi bir emr-i ilahidir. Onun için kendisi de mahfuzâtı[633] da öyle tebeddülât ve teceddüdât-ı cismaniyemiz ile mütebeddil ve zail değildir. Kuva-yı hafızanın vücudu ve bekası ruhun vücudundan ve bekasındandır.

– Neden? Hiç öyle şey mi olurmuş? Hafıza dahi dimağın bir melekesidir.

– Hayır efendiler! Her şey dimağın bir melekesi olabiliyor ama hafıza dimağın melekesi olamaz. Olsa idi dimağın teceddüt ve tebeddül eyledikçe hafızanın da tebeddül etmesi lazım gelirdi. Zarfın

---

zevali mazrufun[634] da zevalini muciptir.

– Hiç maddiyun için bu müddeayı, bu hakkı teslim imkân dahilinde midir? Bunu teslim ederlerse sonra ellerinde ne kalır? Binaenaleyh onlar tarafından gelsin mükâbere[635], muanede[636]!

Lakin tab'-ı selim[637], fikr-i müstakim[638] erbabı için kabul-i hakka şu burhan kifayet eylemiştir. Zira kuvve-i hafıza kuvave melekât-ı saireye[639] kıyas kabul edemez. Dimağın kuva ve melekât-ı sairesi tahassüsât-ı vakıasında gayet seri olduğu hâlde hafıza onlara nisbetle gayet batidir[640]. İnsanın bir tarafındaki ateş yanığı, pire yeniği derhâl zihne intikal eder. Ama derhâl kuvve-i hafızaya intikal edemez. Bir adamın zekâsında sürat-i intikal olur. Leb demeden leblebiyi anlar. Fakat hafıza öyle değildir. Bir şeyi hafızaya kabul ettirmek için tekrarlar, tekitler[641] lazımdır. Onun için de işte dimağ bir ağrıyı bir gazabı sair gûna[642] bir infiali[643] az çok bir zamanda unutur ama hafıza unutmaz. Dimağdaki sürat ile hafızadaki betaet bunların başka başka şeyler olduğunu isbata kâfidir. Hatta dimağda vukua gelen edna[644] bir arıza o anda mevti[645] icap ediyor. Pek çok hükemanın kabulüne göre kafa kesildikten sonra bile hafıza bir az daha tahatturâtında devam eyliyor.

Vücudun aksam-ı sairesi gibi dimağ dahi tebeddül ve teceddüt eylediği hâlde hafızaya tesiri olamamasını maddiyun hiç bir veçhile tevil[646] edemiyorlar. İnsan gazap gibi, merhamet gibi tahassüsâtı bile unutuyor da bir zaman sonra tahattur edemiyor. Aşk bile bir zaman sonra zail! Ama hafıza öyle değil!

Misl-i sair hükmünde olarak denilir ki insan çocukluğunda bellediğini müddet-i ömr unutamaz. Doğrudur. Çünkü çocukluğunda ruh nice emraz-ı nefsaniye ile bizar[647] değil idi. Hafıza onları daha

---

[634] mazruf: zarfın içinde olan
[635] mükâbere: büyüklük taslama
[636] muanede: inatlaşma
[637] tab'-ı selim: doğru yaratılış
[638] fikr-i müstakim: doğru fikir
[639] kuva ve melekât-ı saire: diğer kuvvetler ve melekeler
[640] bati: ağır hareketli; yavaş
[641] tekit: üsteleme
[642] sair gûna: başka türlü
[643] infial: tepki
[644] edna: en küçük
[645] mevt: ölüm
[646] tevil (et-): yorumlamak
[647] bizar: bezgin

kolay, binaenaleyh daha kuvvetli zapt ve hıfzeyledi. Sonraları ise bu emraz-ı nefsaniye ruha da hafızaya da fütur[648] vermeğe başladı ya? Hafızadaki betaet anlaşıldı ya? Onun betaetine zamimeten[649] bir de nefs-i tagiye ve bagiye[650] bir anda bin varidât[651] ile onu işgal eylerse hafızada artık hafıza kudreti mi kalır?

İnsan kırkından sonra tekemmül eder derler. Doğru değil mi ya? Ondan sonra artık o emraz-ı nefsaniyeye itidal gelmeye başlar da onun için.

*

Elhasıl mesele hangi cihetten telakki edilse hafıza dimağdan başka ve ruha intisabı müreccah[652] bir hassa görülüyor. Zaten insaniyetin kemal-i hassiyeti de hafızadan ibaret görülüyor. Hafızayı kaldırınız, dimağın melekât-ı sairesi pek acayip kalır. Tefehhüm[653], tefekkür ve tevehhüm[654] gibi şeylerin muavenat-ı hafıza[655] olmadığı halde hariçteki tecelliyatı insana âdeta "deli" dedirtir.

Hayır Hayır! Deli bile dedirtemez. Onda da en büyük hüküm hafızanındır. Delide fikr-i sabit vardır ki hafızadan gelir. Hafıza ruhun hazine-i fezailidir[656]. Göz bir şeyi görür. Onu dimağa aksettirir. Dimağ onu derhâl hisseder. Ama mahiyetini de derhâl tayin edemez. Edebilmesi lazım gelse hiç görmediği bir şeyi de derhâl tayin edivermesi lazım gelir idi. Hâlbuki hiç görmediği bir şeyi insan lemha-i basarda[657] tayin ile mutmain[658] olamaz. Uzun uzadıya onu temaşa etmek ister. Ta hafızasına kabul ettirinceye kadar! Ama hafızanın zaten mahfuzu olan şeyi veya emsalini insan görecek olsa dimağın onu hafızaya arz etmesi, kabul ettirmesi lazım gelmediğinden insan yani asıl insanlığımız demek olan ruh onu hemen hiç de mühimsemez. Görmemişe de döner. Mesela hiç görmediğimiz bir resim

---

[648] fütur: bezginlik
[649] zamimeten: ek olarak
[650] nefs-i bagiye ve tagiye: söz dinlemez ve azgın benlik
[651] varidât: gelen bilgiler
[652] müreccah: tercih edilirmek
[653] tefehhüm: anlama
[654] tevehhüm: sanma
[655] muavenet-i hafıza (ol-): hafızaya yardımı olmak
[656] hazine-i fezail: erdemler hazinesi
[657] lemha-yı basar: ilk bakış
[658] mutmain (ol): tatmin olmak

levhası sizi kendi yanında saatlerce tevkif edebilir. Sonra levhayı mübayaa[659] edersiniz. Odanıza da asarsınız. Hafıza ondan lüzumu kadar nisabını[660] almış bulunduğundan resim her zaman gözünüz önünde bulunduğu hâlde hafızanız artık onunla iştigal etmez. Bu hâlde dimağınız dahi hafızaya yaranamayacağını anlayarak onunla iştigalden vazgeçer. O surette ki mesela o resmin boyaları solsa da evvelki letafeti külliyen mütegayyir[661] olsa birden bire farkında olamazsınız.

İnsan uyur, hafıza uyumaz. Çünkü ruh dahi uyumaz. Uyku nedir? Kâffe-i melekâtın gereği gibi tatil-i işgal[662] etmesi değil mi? Hâlbuki uykuda ruh daha uyanık, hafıza daha parlaktır. Çünkü muvaredât-ı mütetabianın[663] arkası kesilmiştir. Uykuda ruh hazine-i hafıza mevcudiyetini uyanıklık halindeki gibi tahattur nev'inden görmeyip âdeta re'yül-ayn[664] görür. Hâlbuki gözler kapalı ve meleke-i rüyet[665] bi'l-külliye muattaldır[666]. Artık hafızaya dimağdandır denilebilir mi? Artık ruhun bi'l-istiklal[667] mevcudiyetinde şüphe kalır mı? Hafıza dimağdan, ruh dahi ondan olsa idi dimağla beraber bunların da uyuması lazım gelir idi. Şayan-ı dikkattir[668] ki o zaman vücudun bir tarafındaki hadiseyi yani mesela bir tahta kehlesi[669] acısını dimağ hâl-i bidarisindeki[670] gibi serian ve mükemmelen duyamıyor. Ruh ve hafıza ise o hâlde afak ve eflaki temaşa eyliyor. Tahta kehlesinin acısı nihayet dimağı bidar[671] edebilip de bunu ruha arz eylediği zaman ruh işte dimağa tabi olan melekâtın birtakımına hacet dahi görmeksizin kendi kendisine icab-ı hâli icra ettiriyor. Göz kapalı olduğu hâlde parmağa o tahta kehlesini bildirip ezdiriyor.

Maddiyun bunların aleyhine her ne itirazda bulunsalar insana asla kanaat-bahş[672] olamıyorlar. Onlar bu acayibin kâffesini dimağa

---

[659] mübayaa (et-): satın almak
[660] nisap: pay; hisse
[661] mütegayyir (ol-): değişmek
[662] tatil-i işgal (et-): çalışmamak
[663] muvaredât-ı mütetabia: birbiri ardınca gelen bildirimler
[664] re'yül-ayn: göz ile
[665] meleke-i rüyet: görme yeteneği
[666] muattal: kullanılamaz; işlevsiz
[667] bi'l-istiklal: bağımsızlıkla
[668] şayan-ı dikkat: dikkat çekici
[669] tahta kehlesi: tahta kurusu
[670] hâl-i bidari: Uyanıklık hali
[671] bidar (et-): uyandırmak
[672] kanaat-bahş (ol-): yetinmek; tatmin etmek

isnat etmek için sözü yaş deri gibi her tarafa doğru çekip uzatı-
yorlarsa da bu tarafa çekseler öte tarafı açık kalıyor. Zira infialât-ı
dimağiyenin[673] kâffesi seriü'z-zeval[674] olduğu hâlde yalnız kuva-yı
hafıza[675] ruha refakatte bulunabiliyor. Maddiyunun "Öyleyse rahm-i
maderdeki[676] şeyleri de hıfz etmeli idi. Öyle ise takarrüb-i mevtte[677]
insanı ancak ruhla beraber bırakmalı idi. Hâlbuki insan kundaktaki
hâlini bile bilmiyor. Ruhtan evvel hafızası kendisini terk eyliyor."
diye ettikleri itirazda bir hüküm olamayacağı derkârdır[678]. Hafızanın
müvaredâtı[679] havass-ı zahire ve dimağ tarikiyle olduğu hâlde bu
tarikler henüz muattal iken oraya ne nakledebilirler ki hafıza onları
hıfz edebilsin? Kable'l-memat[680] hafızanın insanı terk etmesi yani
insanın kendisini kaybeylemesi ise ruhtan evvel vuku buluyorsa
da kuva-yı saireden sonra olduğu da muhakkaktır. Beyin uyuduğu
zaman mahfuzâtını[681] reyü'l-ayn görürcesine gördüğü gibi o hâl-i
sekeratta[682] dahi beyin filan işlerini bitirmiş olduklarından hafıza
kendi mahfuzatını son defa olarak yine reyü'l-ayn görürcesine gö-
rüyor. Muhtazırın[683] hezeyan-ı mahmumane[684] nevinden bazı sözleri
bu müşahedât-ı acibeyi[685] isbat eyliyor.

Hafızanın dimağdan müstakil ve ruha mukterin[686] bir mucize-i
Rabbaniye[687] olduğunu inkâra nasıl imkân bulunabilir ki insanın
hayvanat-ı saireden ma-bihi't-temyizi[688] olan natıkıyet[689] bile hafı-
zanın taht-ı zamanındadır[690]. İşte şu biçarenin beyni pek mükemmel
ama kulağı bozuk olduğundan esvat-ı natıkıyeyi[691] beyin tarikiyle
hafızaya nakledemediği için dilsiz kalmış. Hafızadaki mükemmeliyet
ise insanı yalnız bir değil bir kaç lisan ile natık[692] eyliyor. Hayvanat-ı

673 infialât-ı dimağiye: beynin uyarıları
674 seriü'z-zeval: geçici
675 kuvve-i hafıza: hafıza kuvvetleri
676 rahm-i mader: ana rahmi
677 takarrüb-i mevt: ölüme yaklaşma
678 derkâr: ortada, açık
679 müvaredât: ilhamlar; bildirimler
680 kable'l-memat: ölümden önce
681 mahfuzât: içindeki şeyler
682 hâl-i sekerat: can çekişme durumu
683 muhtazır: can çekişen
684 hezeyan-ı mahmumane: sayıklama
685 müşahedât-ı acibe: hayrete düşü-rücü gözlemler
686 mukterin: yaklaşan; yakın
687 mucize-yi Rabbaniye: ilahi mucize
688 ma-bihi't-temyiz: ayırt edici özellik
689 natıkiyet: konuşabilme
690 taht-ı zaman(ında ol-): kefaleti al-tında olmak
691 esvat-ı natıkıye: konuşulan sesler
692 natık (eyle-): konuşturmak

sairede ise fıkdan veyahut noksan-ı dimağ⁶⁹³ değil noksan-ı hafıza terakkiyât-ı kâmilelerini⁶⁹⁴ men eyliyor.

*

Ey! Cenab-ı Hakk'a nasıl hamd ü sena etmeyelim ki esrar-ı hilkatindeki⁶⁹⁵ dekayık⁶⁹⁶ bir takım zunun ve evham-ı batıla⁶⁹⁷ erbabını ta o Halik-ı Kerim'i, ta insanın kendi varlığını bile inkâra mecbur edecek kadar muğlak ve mestur görüldüğü hâlde işte bir cihetten de bunu meydan-ı aleniyete koyacak kadar vazıh bir ehemmiyet-i tabiiye tertip eylemiş ve dilediği kullarını bu burhanlarla irşatta bulunmuştur. Hâzâ min fazli Rabbina!*

Ruhumuz şu kisve-i vücuda bürünmüş bir mevcud-ı muciznüma-yı Hüda⁶⁹⁸ olduğu mertebe-i tahakkuka vardı ya! Ama birer miktar zaman zarfında tebdil-i kisve edercesine vücutta bir tebeddül görülüyor imiş. O da Rabbimizin bir eser-i kudreti!

Hem artık "Rabbimiz" demeye maddiyuna karşı dahi salahiyet kazandık. Kendi vücudumuzu kendi varlığımızı ispat eyledik ya? "Varlığım Halikımın varlığına şahittir!" Maddiyunun artık inkâr-ı Bari-i Teala⁶⁹⁹ fazihasını⁷⁰⁰ göze aldırmalarına kulak mı verilir ki yetmiş seksen kilogramlık bir vücud-ı beşer içindeki ruhu bulamadıkları, mahza⁷⁰¹ kendileri bulamadıkları için vücudunu da inkâra kalkıştıkları hâlde koca kâinatı muhit⁷⁰² olan ol ruh-ı âleme akıl bile erdiremeyecekleri derkârdır⁷⁰³.

Hazelehümullah.**

---

⁶⁹³ fıkdan veyahut noksan-ı dimağ: dimağın eksikliği veya yokluğu
⁶⁹⁴ terakkiyât-ı kâmile: tam anlamıyla ilerleme
⁶⁹⁵ esrar-ı hilkat: yaratılış sırları
⁶⁹⁶ dekayık: incelikler.
⁶⁹⁷ zunun ve evham-ı batıla: yanlış ve boş düşünceler
* Hâzâ min fazli Rabbi: muhakkak bu rabbimin fazlındandır." Neml suresi, 40. ayet [Ed.]
⁶⁹⁸ mevcud-ı muciz-nüma-yı hüda:

Allah'ın mucizevi olarak yarattığı varlık
⁶⁹⁹ inkâr-ı Bari-i Teala: Allah'ın varlığını inkâr
⁷⁰⁰ faziha: rezillik; çirkinlik
⁷⁰¹ mahza: yalnız; sadece
⁷⁰² muhit (ol-): kuşatmak
⁷⁰³ derkâr: ortada, açık.
** Hazelehumullah: "Allah onları başarısız kılsın." anlamında beddua sözü. [Haz.]

DİZİN

H

I-İ